독자의 1초를
아껴주는 정성을
만나보세요!

세상이 아무리 바쁘게 돌아가더라도 책까지 아무렇게나 빨리 만들 수는 없습니다.
인스턴트 식품 같은 책보다 오래 익힌 술이나 장맛이 밴 책을 만들고 싶습니다.
땀 흘리며 일하는 당신을 위해 한 권 한 권 마음을 다해 만들겠습니다.
마지막 페이지에서 만날 새로운 당신을 위해 더 나은 길을 준비하겠습니다.

파이썬으로 배우는 자료 구조 핵심 원리

Data Structures with Python

초판 발행 · 2021년 8월 20일

지은이 · 양태환
발행인 · 이종원
발행처 · (주)도서출판 길벗
출판사 등록일 · 1990년 12월 24일
주소 · 서울시 마포구 월드컵로 10길 56(서교동)
대표 전화 · 02)332-0931 | **팩스** · 02)323-0586
홈페이지 · www.gilbut.co.kr | **이메일** · gilbut@gilbut.co.kr

기획 및 책임편집 · 안윤경(yk78@gilbut.co.kr) | **디자인** · 장기춘 | **제작** · 이준호, 손일순, 이진혁
영업마케팅 · 임태호, 전선하, 지운집, 박성용, 차명환 | **영업관리** · 김명자 | **독자지원** · 송혜란, 윤정아

교정교열 · 김윤지 | **전산편집** · 박진희 | **출력·인쇄** · 금강인쇄 | **제본** · 신정문화사

ISBN 979-11-6521-645-0 93000
(길벗 도서번호 080200)

정가 22,000원

독자의 1초를 아껴주는 정성 길벗출판사

길벗 | 길벗 IT실용서, IT/일반 수험서, IT전문서, 경제실용서, 취미실용서, 건강실용서, 자녀교육서
더퀘스트 | 인문교양서, 비즈니스서
길벗이지톡 | 어학단행본, 어학수험서
길벗스쿨 | 국어학습서, 수학학습서, 유아학습서, 어학학습서, 어린이교양서, 교과서

페이스북 · www.facebook.com/gbitbook
예제소스 · https://github.com/gilbutITbook/080200

양태환 지음

파이썬으로
배우는
자료 구조
핵심 원리

DATA STRUCTURES
WITH PYTHON

무더운 여름날, 더위를 피해 〈Fundamentals of Data Structures in C〉와 〈Introduction To Algorithms〉를 손에 들고 카페에 자주 갔던 기억이 납니다. 오래 전 일이지만 책과 씨름하면서 쌓인 한숨은 쉽게 잊히지 않습니다.

다른 전공을 공부하다가 프로그래머의 길을 걷기 시작하면서 가장 먼저 느낀 점은 기본 지식의 부재였습니다. 부족한 지식을 쌓기 위해 가장 먼저 자료 구조 책을 펼쳐 들었지만 처음에는 시작할 엄두를 내지 못했습니다. 한 문장을 여러 번 읽어도 쉽게 와 닿지 않았습니다.

전공자도 아니고 개발 경력도 길지 않지만 그럼에도 책을 써야겠다고 결심한 계기는 같은 경험을 하고 있을 누군가에게 조금이라도 도움을 주고 싶었기 때문입니다. 이 책을 읽으면 쉽게 자료 구조를 공부할 수 있다는 이야기가 아닙니다. 제가 하고 싶은 이야기는 아직 시작할 엄두를 내지 못하는 누군가에게 "어려워도 한번쯤 해 볼만 해."라는 격려입니다.

첫 번째 책을 쓰고 어느덧 몇 해가 지났습니다. 바쁘다는 핑계로 공부에 게을러지지 않았는지 반성하게 됩니다. 두 번째 책도 마무리가 되었으니 다시 열심히 공부해야 하겠습니다.

마지막으로 사랑하는 아내와 아이들에게 항상 고마운 마음을 전합니다.

양태환

예제 파일 내려받기

이 책에서 사용하는 예제 파일은 길벗출판사 웹 사이트에서 도서명으로 검색하여 내려받거나 깃허브에서 내려받을 수 있습니다.

- **길벗출판사 웹 사이트**: http://www.gilbut.co.kr
- **출판사 깃허브**: https://github.com/gilbutITbook/080200

예제 파일 구조 및 참고 사항

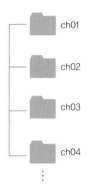

- 파이썬 3.8을 기준으로 합니다.
- VS Code에서 실행/테스트했으며, 장별 폴더에 예제 파일들이 정리되어 있습니다. 폴더를 불러온 후 실행하면 좀 더 편하게 실습할 수 있습니다.
- 1~14장은 코랩용 파일도 준비되어 있습니다.

파이썬이 인공지능을 필두로 다양한 분야에서 활용되기 시작하면서 대표적인 프로그래밍 언어 중 하나가 되었습니다. 하지만 아직 C 언어나 자바 같은 언어들로 된 자료 구조 책이 대부분이며, 파이썬을 이용한 자료 구조 책은 많지 않습니다. 이 책은 그런 면에서 파이썬 개발자를 꿈꾸는 수많은 이들에게 단비가 될 것입니다. 저자는 '개발자라면 누구나 한 번쯤 궁금해 할 만한 질문'을 하나 던져 주고, 이 문제의 답을 찾아가는 과정으로 자료 구조를 설명합니다. 책과 함께 문제를 해결하면서 원리를 익히다 보면 자연스럽게 좀 더 좋은 소프트웨어를 만드는 파이썬 개발자가 되어 있을 것이라고 생각됩니다.

김민규_큐셀네트웍스 프로그래머

현업에서 파이썬을 이용하여 코딩하면서 자료 구조의 중요성을 종종 느꼈습니다. 효과적으로 코딩하려면 자료 구조는 꼭 알아야 하는 필수 개념입니다. 저는 컴퓨터 전공이 아니기 때문에 자료 구조의 개념 자체가 낯설었고 공부하면서도 어려움을 느꼈습니다. 여러 가지 자료 구조 책을 보았지만 시중에 있는 다른 자료 구조 책에는 너무 많은 개념을 이해하기 어렵게 설명하고 있어 학습하기에 힘들었습니다. 반면, 이 책은 저자의 의도에 맞게 필수적인 자료 구조 개념들만 여러 가지 예제와 그림으로 쉽게 설명하고 있습니다. 또 자료 구조 책들은 대부분 C나 자바로 설명이 되어 있는데, 책에서는 예제들이 파이썬으로 되어 있어 개념을 이해하기가 수월했습니다. 저와 같이 자료 구조에 대해 공부하고 싶은 비전공자들에게 혹은 코딩 테스트를 준비하는 사람들에게 자료 구조 입문서로 추천합니다.

이혜민_LG디스플레이 데이터 분석가

파이썬을 이용해서 다양한 자료 구조를 자세하게 다루는, 제목에 충실하고 친절한 책입니다. 파이썬이라는 도구를 사용하는 것일 뿐, 다른 언어에서도 통용되는 자료 구조들이기에 다른 언어를 알고 있다면 기본적인 파이썬 지식만으로도 충분히 학습할 수 있습니다. 실무를 하다 보면 좀 더 효율적인 코드를 구현하기 위해 고민하게 되고, 그런 과정에서 적절한 자료 구조의 선택은 무척 중요합니다. 이 책은 세상의 모든 자료 구조를 다루지는 않습니다. 하지만 자주 쓰는 자료 구조들을 골라 그 자료 구조의 필요성과 필요한 메서드들에 대해 근거와 사용 예시를 제시합니다. 코딩 테스트용 책이 아니어서 자료 구조의 원리와 필요성에 집중하기에 개인적으로는 과외를 받는 기분으로 알아 가는 것에 즐거움을 느끼며 학습할 수 있었습니다. 이 책으로 자료 구조에 익숙해진다면, 자료 구조 때문에 스트레스를 받을 일은 현저히 적어지고 자신감이 붙을 것이라고 확신합니다.

조선민_백엔드 개발자

개발자가 '코더'를 벗어나 '프로그래머'가 되기 위해 넘어야 할 산이 두 개 있습니다. 바로 '자료 구조'와 '알고리즘'이죠. 하지만 결코 쉽지 않은 산이기에 많은 사람이 좌절하곤 합니다. 이 책에서는 이 산 두 개가 결코 넘지 못할 것이 아님을 잘 보여 줍니다. 개인적으로는 추상적으로 이해했던 자료 구조와 알고리즘을 더 구체적으로 이해할 수 있었습니다. 파이썬 코드로 '자료 구조'와 '알고리즘'을 설명하는 점도 좋았습니다. 이 책이 '코더'에서 '프로그래머'로 성장하는 디딤돌이 될 것입니다.

김동우_프리랜서

컴퓨터 공학과 학생과 비전공자를 포함한 많은 사람이 자료 구조를 배울 때 개념과 코드만 많이 배웁니다. 하지만 왜 배우는지 그 필요성은 깊게 생각하지 못하는 것 같아 안타까웠습니다. 이 책에서는 프림 알고리즘이나 다익스트라 알고리즘 같은 고급 알고리즘과 함께 기존 자료 구조의 방향을 말해 주는 것뿐만 아니라, 데이터 업계에서 쓸 수 있을 만한 자료 구조의 방향성도 함께 제시해 주고 있습니다. 기존 자료 구조를 넘어서서 자료 구조가 정말로 왜 필요하고 어떤 상황에서 사용될 수 있는지 실무적으로 고민할 수 있는 책입니다.

조대희_코드스테이츠 데이터 엔지니어

1장 재귀 함수 ····· 15

1.1 재귀 함수: 자신을 호출하는 신기한 함수   16
1.1.1 재귀 함수로 팩토리얼 구현하기   16
1.1.2 스택 프레임으로 재귀 함수 이해하기   18
1.1.3 순열을 재귀 함수로 구현하기: 재귀 트리 사용하기   21

2장 성능 분석 ····· 25

2.1 자료 구조 성능 이야기: 빅오   26
2.1.1 알고리즘 성능 분석   26
2.1.2 성능을 비교하는 방법: 빅오   28
2.1.3 방심은 금물: 빅오의 함정   31

2.2 추상 데이터 타입이란   31

3장 배열: 변수가 한곳에 모여 있으면 빠르다! ····· 35

3.1 동적 배열이란   36

3.2 지역성의 원리와 캐시   38

3.3 인덱싱: 데이터에 빠르게 접근한다!   42

3.4 동적 배열에서 데이터의 삽입과 삭제 1   43

3.5 동적 배열에서 데이터의 삽입과 삭제 2   45

4장   연결 리스트: 삽입과 삭제를 빠르게 할 수 없을까? ······ 47

4.1 연결 리스트 이해하기   48

4.2 동적 배열과 연결 리스트   51

4.3 더미 이중 연결 리스트   52

5장   스택과 큐, 그리고 덱 ······ 63

5.1 스택: 데이터를 차곡차곡 쌓는다   64
5.1.1 스택 구현: 동적 배열을 이용하여 구현하기   65

5.2 큐: 데이터로 줄 세우기   67
5.2.1 큐 구현 1: 동적 배열을 단순하게 사용해서 구현하기   69
5.2.2 큐 구현 2: 원형 큐로 구현하기   70

5.3 덱: 스택으로도 큐로도 사용할 수 있는 덱   74

6장   그래프: 관련 있는 데이터 연결하기 ······ 79

6.1 그래프 용어 정리   80

6.2 그래프를 표현하는 두 가지 방법: 도시와 도시를 이어 보자   87

6.3 그래프의 모든 노드 방문: 모든 도시를 여행해 보자   93
6.3.1 너비 우선 탐색: 인근 도시부터 여행하기   94
6.3.2 깊이 우선 탐색: 한 방향으로 쭉 따라 여행하기   99

7장 트리: 정말 쓸 데가 많은 자료 구조 ····· 109

7.1 트리 용어 정리 110

7.2 이진 트리의 순회: 모든 노드 방문하기 114
    7.2.1 전위 순회 114
    7.2.2 중위 순회 118
    7.2.3 후위 순회 119
    7.2.4 레벨 순서 순회 120

8장 다양한 트리 1: 이진 탐색 트리 ····· 123

8.1 이진 탐색 알고리즘 124

8.2 딕셔너리의 내부 구현 126

8.3 이진 탐색 트리 127

8.4 이진 탐색 트리의 구현 130

8.5 이진 탐색 트리의 단점 141

9장 다양한 트리 2: 레드 블랙 트리 ····· 143

9.1 어떻게 균형을 맞출 것인가? 144

9.2 레드 블랙 트리 145

9.3 레드 블랙 트리의 구현 152

10장 다양한 트리 3: B 트리 ····· 161

10.1 메모리 계층 구조 **162**

10.2 데이터베이스에 데이터 삽입, 탐색, 삭제해 보기 **164**

10.3 B 트리 **166**

10.4 B 트리에 키 삽입 · 삭제하기 **169**

10.5 B+ 트리 **175**

10.6 B 트리로 인덱스 만들기 **177**

11장 다양한 트리 4: 힙과 우선순위 큐 ····· 179

11.1 힙 **180**

11.2 우선순위 큐 **192**

12장 다양한 그래프 알고리즘 1: 위상 정렬 ····· 195

12.1 위상 정렬 **196**

13장 다양한 그래프 알고리즘 2: 최소 비용 신장 트리 ····· 203

13.1 탐욕 알고리즘 **204**

13.2 크루스칼 알고리즘 **211**

   13.2.1 그래프의 표현 211

   13.2.2 분리 집합: 사이클이 형성되는지 어떻게 확인하지? 212

   13.2.3 크루스칼 알고리즘 구현 217

13.3 프림 알고리즘 225
13.3.1 가중치가 가장 작은 에지를 찾는 방법 225
13.3.2 프림 알고리즘 구현 230

14장 다양한 그래프 알고리즘 3: 최단 경로 ····· 241

14.1 데이크스트라 알고리즘 242

14.2 BFS와 프림 알고리즘, 그리고 데이크스트라 알고리즘 254

15장 자료 구조가 적용된 실제 사례 ····· 257

15.1 생산자–소비자 패턴: 큐 258

15.2 자바스크립트 엔진: 스택과 큐 262

찾아보기 267

본격적으로 자료 구조를 시작하기 전에 책 구성과 관련해서 몇 가지 전하고 싶은 이야기가 있습니다. 이 책은 자료 구조의 A~Z를 모두 다루는 교과서적인 책이 아닙니다. CLRS로 알려진 〈Introduction to algorithms〉를 필두로 유명한 자료 구조 책은 이미 충분히 많습니다. 자료 구조 분야에서 명저로 꼽히는 책을 한 번이라도 보았다면 모두 이런 생각을 했을 것입니다.

"분명 좋은 내용이고 공부해야 하지만 너무 방대하고 어렵다. 게다가 책 두께가 너무 두껍구나."

1000쪽이 넘는 양과 어려운 설명을 읽고 있자면 가끔 어지럽기도 하지요. 필자 역시 마찬가지였습니다. 이 책의 목적은 이런 책들을 읽기 전에 가볍게 머리를 풀 수 있는 징검다리가 되는 것입니다. 그래서 구성이 다른 자료 구조 책과 조금 다릅니다.

자료 구조를 공부할 때는 단순히 자료 구조 구현에 집중하기보다 한 가지 목표를 정해 놓고 그 목표를 달성하고자 단계적으로 개념을 확장해 나가는 것이 훨씬 효율적이라고 생각합니다. 그래서 고민 끝에 많은 개발자가 궁금할 만한 한 가지 질문을 떠올렸고, 이 질문에 답을 찾아가는 과정으로 자료 구조를 공부한다면 좀 더 오래 기억에 남을 수 있겠다 싶었습니다.

여러분이 1~2년차 개발자라면 모두 테이블 컬럼에 인덱스를 생성한 적이 있을 것입니다. 그리고 한 번쯤 다음 질문을 해 보았을 것입니다.

"인덱스는 어떻게 작동하기에 데이터베이스 성능을 좋게 할 수 있을까?"

이 책은 이 질문에 답을 찾아가는 과정입니다. 그 과정을 무사히 지나가려면 자료 구조 지식뿐만 아니라 하드웨어 아키텍처, 특히 메모리를 이해해야 합니다. 이를 위해 지역성의 원리, 메모리 계층 구조도 함께 설명합니다.

그래서 목차도 이에 맞추어서 구성했습니다. 본격적으로 학습하기 전에 목차를 잠깐 살펴보면, 1~8장에는 9~10장을 제대로 이해하기 위한 기본 내용을 기술했습니다. 9~10장은 데이터베이스의 인덱스를 이해하는 데 가장 중요한 장입니다. 10장까지 잘 이해했다면 이 책의 목적은 달성한 셈입니다. 11~14장은 이왕 시작한 그래프와 트리 공부이니 조금 더 깊이 있게 다루어 보자는

취지에서 기술했습니다. 그래프 알고리즘이 어렵다면 나중에 천천히 공부하면 됩니다. 개인적으로는 10장까지 이해한 것으로도 충분하다고 생각합니다.

목표가 명확한 만큼 다른 책에서는 중요하게 다루지만 이 책에는 담지 않은 자료 구조들이 있습니다. 원형 연결 리스트나 연결 리스트를 이용한 스택과 큐의 구현, 수식 트리, 해시 테이블 등이 그 것입니다. 해시 테이블은 중요한 자료 구조라 마지막까지 고민했지만 원래 목적에 충실하고자 설명하지 않았습니다.

자, 그럼 본격적으로 자료 구조 세계에 빠져 볼까요? 가벼운 마음으로 읽어 주세요!

1^장

재귀 함수

1.1 재귀 함수: 자신을 호출하는 신기한 함수

이 장에서는 자료 구조를 본격적으로 시작하기 전에 알아 두어야 할 필수 지식을 알아보겠습니다. 제목만 보면 전혀 상관없어 보이지만, 하드웨어 구조나 메모리 계층도 자료 구조를 이해하는 데 많은 도움이 되므로 꼭 읽고 넘어가길 추천합니다.

1.1 재귀 함수: 자신을 호출하는 신기한 함수

재귀(recursion) 함수란 호출된 함수가 자기 자신을 다시 호출하는 것입니다. 언뜻 보아서는 잘 이해되지 않지요. 게다가 실제 개발할 때 재귀 함수를 보기란 쉽지 않습니다. 하지만 커다란 문제를 쪼개 부분 문제로 만들어 해결함으로써 전체 문제를 풀어 나가는 구조를 설계할 때는 반드시 필요하기에 자료 구조나 알고리즘에서는 알아야 하는 필수 개념입니다. 어려운 개념이지만 스택 프레임과 지역 변수의 역할을 알고 나면 쉽게 이해할 수 있습니다. 먼저 간단한 예를 하나 보면서 재귀 함수를 만드는 방법과 특징을 살펴보겠습니다.

1.1.1 재귀 함수로 팩토리얼 구현하기

수학에서 어떤 수 n의 팩토리얼(factorial)은 1부터 n까지 곱을 의미하고 n!이라고 표기합니다. 예를 들어 4!이라면 다음과 같은 의미입니다. 참고로 특수한 경우로 0!은 1입니다.

$$4! = 1 \times 2 \times 3 \times 4$$

식 4!은 다음과 같이 풀어 쓸 수도 있습니다. 3!이 1에서 3까지 곱을 의미하니까요.

$$4! = 3! \times 4$$

식을 보니 뭔가 부분적으로 되풀이되는 모습입니다. 이를 일반화해서 어떤 자연수 n에 대해 다음 식으로 표현할 수 있습니다.

$$n! = (n-1)! \times n$$

이 식을 파이썬 코드로 표현해 봅시다.

코드 1-1

```
def factorial(n):
    return factorial(n-1)*n # 1

if __name__ == "__main__":
    for i in range(1, 6):
        print(factorial(i)) # 2
```

2에서 factorial 함수를 호출하고 있습니다. 호출된 함수는 # 1 라인을 만나고, 다시 factorial 함수를 호출합니다. 이와 같이 실행 도중에 자기 스스로를 다시 호출하는 함수가 재귀 함수입니다. 코드만 보면 잘 실행될 것 같습니다. 하지만 이렇게 구현하고 실행하면 에러가 발생합니다.

RecursionError: maximum recursion depth exceeded

RecursionError이니 재귀와 관련된 에러이군요. 자세히 읽어 보면 최대 재귀 깊이를 초과했다고 합니다. 이 에러가 의미하는 바는 잠시 뒤에 살펴보도록 하고, 우선 이 코드를 무사히 잘 작동하도록 만들어 보겠습니다. 코드를 다음과 같이 수정하세요.

코드 1-2 factorial.py

```
def factorial(n):
    # base case
    if n <= 0: # 1
        return 1
    return n*factorial(n-1)

if __name__ == "__main__":
    for i in range(1, 6):
        print(factorial(i))
```

1을 보면 매개변수 n이 0일 때, 즉 0!일 때 1을 반환하도록 되어 있습니다. 이 코드를 실행하면 다음과 같이 잘 출력되는 것을 알 수 있습니다.

```
1
2
6
24
120
```

\# 1처럼 재귀 함수가 더 이상 호출되지 않도록 하는 '특정 조건'을 **기저 사례**(base case)라고 합니다. 기저 사례도 잠시 뒤에 살펴보겠습니다.

여기까지 간단한 예제로 알아낸 것은 두 가지입니다. 재귀 함수를 구현하려면 1) 언제 어떤 매개변수를 가지고 호출할지 정해야 하고, 2) 호출을 정지시켜 줄 기저 사례가 필요합니다. 다음 절에서 재귀 함수를 구현하는 방법과 재귀 함수가 실제로 어떻게 작동하는지 알아보겠습니다.

1.1.2 스택 프레임으로 재귀 함수 이해하기

처음 재귀 함수를 공부할 때 가장 힘든 점은 어떻게 실행되고 있는 함수가 스스로를 다시 호출할 수 있는가 하는 것입니다. 이런 의문점은 함수가 호출될 때 내부적으로 일어나는 일을 알고 나면 자연스럽게 해결할 수 있습니다.

함수가 호출되면 메모리에서는 스택 프레임이라는 공간이 생깁니다. 이 스택 프레임에는 함수 실행에 필요한 지역 변수들이 할당됩니다. 다음과 같은 간단한 코드가 있다고 하겠습니다.

코드 1-3 stack_frame.py

```
def add_two(a, b):
    c = a + b # 4
    return c

a = 10 # 1
b = 20 # 2
result = add_two(a, b) # 3
print(result)
```

\# 1과 \# 2는 프로그램이 시작되면서부터 끝날 때까지 메모리에 유지되는 전역 변수입니다. \# 3에서 a와 b를 인수로 전달하고 add_two 함수를 호출하면 내부적으로 '스택 프레임'이라는 내부 공간이 생기고, 그 공간에 add_two 함수 내부에 있는 매개변수 a, b와 그 결괏값을 담을 지역 변수 c가 저장됩니다. 그래서 코드를 실행하면 30이 출력됩니다.

그림 1-1로 살펴볼까요?

▼ 그림 1-1 스택 프레임

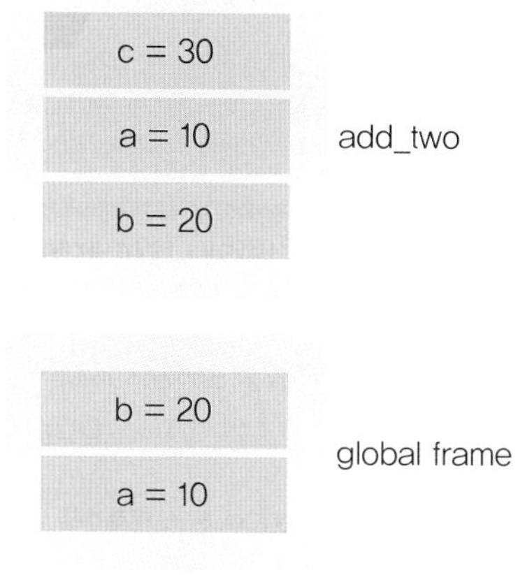

c = 30

a = 10   add_two

b = 20

b = 20   global frame

a = 10

코드와 그림을 비교해 보면 # 3에서 매개변수로 전달된 a와 b는 # 1과 # 2에 있는 a와 b가 아님을 알 수 있습니다. # 3에서 함수가 호출된 순간 매개변수를 비롯한 지역 변수를 저장할 공간을 따로 만들고, 전달된 10과 20이라는 a와 b 값만 복사하여 전달하게 됩니다. 최종적으로 a와 b의 연산이 끝나고 c에 값이 잘 저장된 후에는 return을 만나면 함수가 종료되는데, 이때 만들어졌던 add_two 함수의 스택 프레임 역시 사라집니다. 스택 프레임의 생성 시기는 함수를 호출했을 때고, 소멸 시기는 함수 실행이 종료되었을 때입니다.

이제 스택 프레임의 개념을 알았으니 이를 재귀 함수에 적용해 봅시다. RecursionError가 났던 코드 1-1에서 factorial 함수가 자기 스스로를 호출하면 그림 1-2와 같이 스택 프레임이 쌓이게 됩니다. 예를 들어 factorial(3)을 호출했다고 합시다. 그리고 스택 프레임은 아마 그림 1-2와 같이 표현할 수 있을 것입니다.

▼ 그림 1-2 코드 1-1 스택 프레임

 스택 프레임이 계속 쌓인다.

factorial(-2)

factorial(-1)

factorial(0)

factorial(1)

factorial(2)

factorial(3)

그림 1-2를 보면서 왜 코드 1-1이 RecursionError가 나는지 살펴볼까요? factorial(3)을 호출했다면 n*factorial(n-1)에서 n이 3이므로 factorial(2)가 호출될 것입니다. 이 스택 프레임이 그림 1-2에 factorial(2)로 표현되어 있습니다. 이 코드가 실행되면 factorial(1)도 호출될 것이고 그다음에는 factorial(0)이 호출되겠지요. 이때 기저 사례가 없다면 factorial(0)에서 factorial(-1)을 호출할 것입니다. factorial(-2)는 다시 factorial(-3)을 호출합니다. 이 호출을 막을 방도가 없습니다. 다행히도 실제로 실행해 보면 에러가 나면서 실행을 멈춥니다.

스택 프레임은 메모리에 생성되는데 생성될 수 있는 크기에 한계가 있습니다. 그러므로 계속 쌓인다면 언젠가는 최대 한계치에 도달할 수밖에 없지요. 이때 발생하는 에러가 Recursion Depth 에러입니다. 이를 방지하려면 함수 호출을 막아 줄 기저 사례가 필요합니다. 기저 사례는 전달받은 매개변수 값이 특정 값에 도달하면 함수가 호출되는 것을 막아 줍니다. 함수 구조를 살펴보면, 보통은 호출 코드가 있는 부분으로 가지 않고 계산된 값을 반환하며 함수를 종료합니다. 팩토리얼에서 이 특정 조건은 0!=1이므로 이 조건을 기저 사례로 사용할 수 있습니다.

기저 사례의 개념을 이해했으니, 어떻게 기저 사례를 설계해야 하는지 '재귀 함수가 자기 스스로를 호출할 때 전달하는 인수' 부분을 살펴봅시다. 코드 1-2를 다시 살펴보겠습니다.

코드 1-4 1-2 다시 살펴보기

```python
def factorial(n):
    # base case
    if n <= 0: # 1
        return 1
    return n*factorial(n-1) # 2

if __name__ == "__main__":
    for i in range(1, 6):
        print(factorial(i))
```

코드 1-4에서 # 2를 볼까요? 재귀 함수가 실행 중 자기 자신을 호출할 때 인수 크기는 줄어듭니다. 함수를 호출하는 factorial의 인수 n이 3이었다면 호출된 factorial에는 n-1이 인수로 전달되므로 호출된 factorial 스택 프레임에는 매개변수 n이 2가 될 것입니다. 그렇게 하나씩 매개변수 크기가 줄어들다 보면 언젠가는 n이 기저 사례에 해당하는 순간이 올 것입니다. 그러면 더 이상 자기 스스로를 호출하지 않겠지요.

지금까지 내용을 종합해 볼까요? 재귀 함수를 스택 프레임 관점에서 바라보면 상태 정보를 가지고 있는 지역 변수는 서로 다른 스택 프레임에 저장됩니다. 그렇기에 함수 내에서 자기 자신을 호출한다고 해도 같은 기능의 코드를 실행하는 것일 뿐 그 실행 결과는 서로 다른 스택 프레임에 있는 지역 변수에 저장됩니다. 이때 기저 사례를 두지 않으면 계속 호출이 일어나고 스택 프레임이 저장되는 메모리가 한정적이기 때문에 언젠가는 오류가 발생합니다.

따라서 재귀 함수를 설계할 때는 두 가지를 고려해야 합니다. 1) 언제 어떤 인수를 전달하여 호출할 것인지와 2) 재귀 호출을 멈추는 조건인 기저 사례를 정하는 것입니다. 재귀 함수가 스스로를 호출할 때 매개변수를 그 크기가 줄어드는 형태로 전달하여 언젠가는 반드시 기저 사례와 만나게 해야만 에러를 일으키지 않습니다. (파이썬에서는 RecursionError라고 명명했지만 함수가 어떤 함수를 계속 호출하여 스택 프레임으로 쓰일 메모리 공간이 모자라게 되는 에러를 스택 오버플로 (stack overflow)라고 합니다. 유명한 사이트 이름과 같지요.)

1.1.3 순열을 재귀 함수로 구현하기: 재귀 트리 사용하기

재귀 함수를 사용하는 두 번째 예로, 어떤 집합이 주어졌을 때 그 집합의 모든 순열을 구하는 프로그램을 만들어 보겠습니다. 순열(permutation)이란 순서가 있는 집합을 다른 순서로 섞는 것입니다. 예를 들어 집합 S={1, 2, 3}이 주어질 때 순서를 섞어 얻은 {2, 1, 3}은 집합 S의 한 순열입니다. 그럼 집합 S의 모든 순열을 나열해 볼까요?

$$\{1, 2, 3\}$$
$$\{1, 3, 2\}$$
$$\{2, 1, 3\}$$
$$\{2, 3, 1\}$$
$$\{3, 1, 2\}$$
$$\{3, 2, 1\}$$

우리가 모든 순열을 구했는지 어떻게 알 수 있을까요? 집합 원소 개수가 n일 때 모든 순열 개수는 n!입니다. 예를 들어 집합 S는 원소 개수가 3입니다. 첫 번째 위치에 올 수 있는 가능성을 가진 원소는 1, 2, 3 세 개입니다. 첫 번째 원소를 고르고 나서 그다음으로 고를 수 있는 원소는 두 개가 될 것이고, 마지막으로 고를 수 있는 원소는 한 개이겠지요. 즉, 3×2×1이므로 3!이 됩니다.

재귀 함수를 구현할 때 두 가지가 중요하다고 앞서 설명했습니다. 바로 기저 사례와 매개변수의 설계입니다. 이를 위해서는 먼저 문제를 정의해야만 합니다. 이 절에서 해결하려고 하는 문제는 개수가 n인 집합의 모든 순열입니다. 이 문제를 형태는 비슷하지만 크기가 다른 여러 작은 문제들로 나누어 보겠습니다. 일단 작은 크기의 문제로 나눈 후 답을 구하고 그 답을 합치면 될 것입니다.

permutation() 함수가 순열을 출력하는 프로그램이라고 하면 다음과 같이 표현할 수 있습니다.

문제: permutation({1, 2, 3})

– 부분 문제 1: 1을 출력 후 permutation({2, 3})

– 부분 문제 2: 2를 출력 후 permutation({1, 3})

– 부분 문제 3: 3을 출력 후 permutation({1, 2})

이 표현은 문제(problem)를 여러 개의 부분 문제(subproblem)로 쪼갠 후 그 해답을 구하는 과정입니다. 이를 그림으로 나타내 보겠습니다(그림 1-3). 그러면 다음 형태가 되는데, 이를 재귀 트리(recursive tree)라고 합니다.

❤ 그림 1-3 재귀 트리

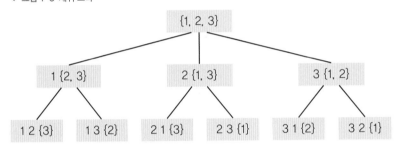

그림 1-3의 재귀 트리에서 각 사각형은 스택 프레임을 의미합니다. 사각형 내부의 {}는 함수에 전달할 매개변수를 나타냅니다. {} 안에 있는 원소 개수가 부분 문제 크기인데 아래로 내려갈수록 집합 개수가 적어지고 있지요. 이렇게 계속 집합 크기가 작아지면 결국 공집합에 도달하게 될 것입니다. 그때가 바로 기저 사례가 되겠군요.

기저 사례와 매개변수를 모두 설계했으니 이제 구현만 남았습니다. 그림 1-3의 재귀 트리를 구현하는 것이 그리 쉬워 보이지 않습니다. 조금만 더 찬찬히 들여다봅시다. 먼저 각 스택 프레임마다 집합 순서가 모두 다르군요. 매개변수로 {1, 2, 3}을 전달받아 가장 먼저 호출되는 스택 프레임에서 그다음으로 호출되는 스택 프레임들을 살펴보면, 집합에 포함되지 않는 가장 첫 번째 숫자가 차례대로 1, 2, 3인 것을 알 수 있습니다. 여기서 순서는 상관없습니다. 다만 집합의 모든 요소가 한 번씩 꼭 포함되어야 한다는 것이 중요합니다. 이를 그림으로 살펴보겠습니다(그림 1-4).

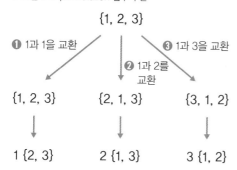

▼ 그림 1-4 permutation 함수 구현

그림 1-4와 같이 집합의 원소를 차례로 첫 번째 원소와 바꾼 후 다음 스택 프레임에 전달하고, 그 다음 집합의 첫 번째 요소를 집합에서 제외시킨다면 그림 1-3과 같이 매개변수를 전달할 수 있을 것입니다. 물론 스택 프레임이 자신이 호출한 재귀 함수를 모두 종료하고 호출한 스택 프레임으로 다시 돌아왔다면 그때는 바꾸었던 원소들을 다시 원래대로 돌려놓아야 합니다. 그래야 원소 순서 가 겹치지 않고 집합을 매개변수로 한 번만 전달할 수 있습니다. 이제 실제 코드로 구현해 봅시다.

코드 1-5 permutation.py

집합으로 쓸 리스트

집합의 시작 위치이며, start 이전 리스트 요소는 집합의 원소가 아닙니다.

```
def permutation(arr, start):

    if len(arr)-1 == start:
        print(arr)
        return

    for idx in range(start, len(arr)):
        arr[start], arr[idx] = arr[idx], arr[start]
        permutation(arr, start+1)
        arr[start], arr[idx] = arr[idx], arr[start]

if __name__ == "__main__":
    arr = [1, 2, 3]
    permutation(arr, 0)
```

기저 사례: start가 집합의 마지막 원소에 도달했을 때 섞을 다른 원소가 없으므로 완성된 순열을 출력합니다.

집합의 첫 번째 원소

idx로 집합의 모든 원소를 순회하면서 start와 idx의 원소를 바꾼 후

집합 크기를 줄여서, 다시 말해 start를 한 칸 움직여서 다시 재귀 함수를 호출합니다.

다시 자신의 스택 프레임으로 돌아왔다면 이전에 바꾸어 놓았던 원소를 다시 원래대로 돌려놓습니다.

처음 접하고 나서 이 함수의 동작 방식을 바로 이해하는 것은 결코 쉽지 않은 일입니다.

코드에서 지금까지 논의했던 집합은 리스트로 구현했습니다. 실행해 보면 실행 도중 자기 스스 로를 호출합니다. 이때 전달된 인수를 살펴보면 start+1입니다. 리스트에서 집합의 시작 위치를 한 칸 뒤로 옮겨 주었으니 집합 크기는 당연히 줄어들겠지요. 그렇게 줄어들다 공집합이 되는

순간(start가 집합의 원소 개수와 같아지는 순간) 호출을 중단하고 현재 리스트를 출력하면 됩니다.

이 코드를 실행하면 다음 결과가 출력됩니다.

```
[1, 2, 3]
[1, 3, 2]
[2, 1, 3]
[2, 3, 1]
[3, 2, 1]
[3, 1, 2]
```

지금까지 재귀 함수를 자세하게 알아보았습니다. 2장에서는 자료 구조를 왜 배워야 하는지, 각 자료 구조 성능을 어떻게 판단해야 하는지 이야기하겠습니다.

2^장

성능 분석

2.1 자료 구조 성능 이야기: 빅오

2.2 추상 데이터 타입이란

이 장에서는 각 자료 구조가 가지는 여러 연산의 성능을 판단하는 데 사용할 알고리즘 성능 분석 기법인 빅오를 알아보고, 자료 구조를 구성하는 객체와 연산을 기술하는 추상 자료형도 살펴보겠습니다.

2.1 / 자료 구조 성능 이야기: 빅오

자료 구조를 공부하는 중요한 이유 중 하나는 어떤 상황에서 어떤 자료 구조를 사용해야 좀 더 효율적으로, 다시 말해 성능이 좋은 프로그램을 만들 수 있는지 알기 위해서입니다. 그렇다면 먼저 알고리즘 성능을 어떻게 분석해야 하는지부터 알아야 할 것입니다.

2.1.1 알고리즘 성능 분석

어떤 자료 구조의 연산(일반적으로 함수로 구현되는 연산)이 다른 자료 구조의 특정 연산에 비해 성능이 좋다고 이야기하려면 두 연산의 성능을 비교할 수 있어야 합니다. 그렇다면 성능은 어떻게 비교할 수 있을까요? 간단히 두 가지 정도의 방법이 떠오릅니다.

첫 번째 방법은 절대 시간을 재는 것입니다. 하지만 이 방법은 현실적이지 않습니다. 두 함수를 비교하려면 같은 환경의 시스템에서 테스트해야 한다는 제약 조건이 있기 때문입니다. 두 함수의 성능을 비교하면서 한 함수의 성능은 A 컴퓨터에서 2초이고 다른 함수의 성능은 B 컴퓨터에서 5초라고 한다면, 첫 번째 함수가 두 번째 함수보다 성능이 좋은 것일까요? B 컴퓨터의 성능이 A 컴퓨터의 성능보다 월등히 좋다면 머릿속은 더 복잡해집니다. 이래서는 의미가 없습니다.

두 번째 방법은 어떤 기준을 설정하고 이에 맞추어 두 함수를 상대적으로 비교하는 것입니다. 예를 들어 함수 내에 있는 반복문이나 분기문의 실행 횟수, 덧셈이나 곱셈 같은 연산 횟수를 세는 것입니다. 이렇게 하면 실행 환경과는 분리해서 독립적으로 성능을 분석할 수 있습니다. 그럼 간단한 예로 연산 횟수를 세어 볼까요?

코드 2-1 operation_count.py

```
                            #   연산      빈도수
def func(arr, init):
    n = len(arr)            #    1         1
    ret = init              #    1         1
    for i in range(n):      #    1         n
        ret += arr[i]       #    1         n
    return ret              #    1         1
                            #           2n + 3

arr = [1, 2, 3, 4, 5]
result = func(arr, 10)
print(result)
```

이 코드를 실행하면 25라는 결괏값이 출력됩니다.

코드 2-1에서 성능을 판단하고 싶은 함수는 func입니다. 매개변수 arr은 리스트이며 init은 초 깃값입니다. 단순히 초깃값에 arr의 모든 요소 값을 더한 결괏값을 구하는 함수입니다. 주석에서 func 함수의 연산 횟수를 계산하는 과정을 기술했습니다. 살펴보면 n=len(arr)은 arr 길이를 n에 할당하는 연산입니다. 이 연산은 함수를 통틀어 한 번만 계산됩니다. ret=init도 마찬가지이지요. 우리가 유의해서 보아야 할 곳은 for 문입니다. range( )에서 i 값을 반환받는데, 이 연산은 arr 길 이만큼 반복됩니다. 즉, 빈도수가 n이 되어 함수가 실행될 때 n번 실행됩니다. ret+=arr[i]도 마 찬가지입니다. 최종적으로 얻은 함수의 연산 횟수는 arr 길이 n에 대한 함수 2n+3이 됩니다.

$$T(n) = 2n + 3$$

이 예제는 아주 간단하므로 연산 횟수 $T(n)$을 쉽게 구할 수 있었지만, 일반적인 경우 연산 횟수를 정확하게 기술하기란 쉽지 않습니다. 또 아주 애매한 상황과 마주칠 수 있는데, 다른 함수의 연산 횟수 $T(n)=n+500$이라면 이 함수는 코드 2-1의 함수 func보다 성능이 좋을까요 나쁠까요? 판단 하는 사람에 따라 1차항의 계수가 큰 func 함수에서 arr 길이가 길어질수록 2배만큼 더 연산을 해 야 하니 다른 함수가 성능이 좋다고 말할 수도 있을 것입니다. 만약 $T(n)=2n+5$라면 func 함수가 이 함수에 비해 반드시 성능이 좋다고 말할 수 있을까요?

이런 모호함을 없애고자 알고리즘 성능을 분석할 때는 점근적 표기법을 사용합니다. 많은 사람이 빅오(big-O)로 알고 있는 이 점근적 표기법에는 사실 O-표기법뿐만 아니라 θ-표기법과 Ω-표기법 도 있습니다. 이 세 가지 점근적 표기법을 알아보겠습니다.

2.1.2 성능을 비교하는 방법: 빅오

먼저 빅오 정의를 살펴보면 다음과 같습니다.

모든 $n > n_0$에 대해 $0 <= f(n) <= cg(n)$인 양의 상수 c, n_0가 존재하면

$$f(n) = O(g(n))$$

정의만으로는 어떤 의미인지 알기 어렵습니다. 코드 2-1의 예로 빅오 정의를 이해해 봅시다. $T(n)=2n+3$은 n에 대한 선형 함수입니다. 선형 함수의 특징은 기울기가 증가할수록 그래프는 가파르게 그려진다는 것입니다.

그림으로 확인해 볼까요?

❤ 그림 2-1 선형 함수의 기울기

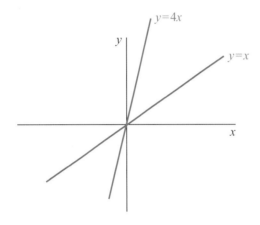

그림 2-1에서 확인할 수 있듯이 기울기가 4인 함수가 1인 함수보다 가파르게 그려집니다. 이를 이용하면 정의에서 나온 조건인 상수 n_0와 c를 구할 수 있습니다. $T(n)=2n+3$을 $f(n)$이라고 하고 $g(n)=n$이라고 합시다. 그럼 n_0와 c는 굉장히 많은 쌍을 구할 수 있습니다. 그중 한 가지 예로 $n_0=3$, $c=3$으로 특정해 보면 그래프는 다음 그림과 같이 그려집니다.

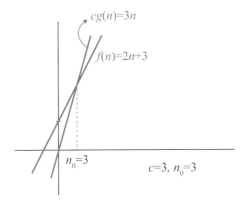

cg(n)=3n이 되고 cg(n)과 f(n)이 만나는 지점인 n_0 이후로는 항상 모든 n에 대해 cg(n)>=f(n) 입니다. f(n)>0도 항상 만족하지요. 이때는 2n+3=O(n)이라고 표기할 수 있는데, g(n)이 n이 었고 f(n)이 2n+3이었기 때문입니다. 빅오는 상한(upper bound)을 의미합니다. 2n+3=O(n)은 f(n)=2n+3이 n_0 이상에서 그래프의 증가 추세가 절대 cg(n)=cn을 넘지 않는다는 것을 보여 줍니다. 그래프를 보면 당연한 이야기이지요.

이 빅오 표기법을 읽을 때 두 가지 주의해야 할 사항이 있습니다. 첫 번째로 2n+3=O(n)에서 =을 등호로 해석해서는 안 됩니다. 그 대신 "2n+3의 빅오는 n이다."라고 읽어야 합니다. 두 번째로 조금만 생각해 보면 2n+3=O(n^2)이란 표현도 가능하다는 것을 알 수 있습니다. 2차 함수인 n^2은 어느 시점에서 반드시 2n+3보다 클 것이기 때문이지요. 이 표기가 틀린 것은 아니지만 이래서는 별로 의미가 없습니다. 우리가 알고 싶은 것은 성능의 상한입니다. 한계를 알고 싶은데 차이가 급격하게 나는 비교 대상을 언급하는 것은 아무런 도움도 되지 않습니다.

점근적 표기법에는 O-표기법 외에도 두 가지가 더 있습니다. θ-표기법과 Ω-표기법입니다. 이 두 가지 표기법은 잘 사용하지 않기 때문에 간단하게 짚고 넘어가겠습니다.

먼저 **θ-표기법** 정의는 다음과 같습니다.

> **모든 n > n_0에 대해 c_1g(n) <= f(n) <= c_2g(n)인 양의 상수 c_1, c_2, n_0가 존재하면**
> **f(n) = θ(g(n))**

O-표기법과 유사한데 c_1g(n)<=f(n)이 추가된 형태입니다. O-표기법처럼 f(n)<=c_2g(n)은 상한을 의미합니다. 이와 유사하게 c_2g(n)<=f(n)은 하한(lower bound)을 의미합니다. 예를 들어 쉽게 접근해 보죠. 어떤 함수가 θ(n)이라면 이 함수의 성능은 데이터 개수 n이 늘어날 때 절대 선형 시간보다 성능이 좋을 수 없습니다. (선형 시간보다 좋은 성능으로는 log n이나 상수 시간이

있습니다. 대표적인 빅오는 잠시 후에 살펴보겠습니다.) θ-표기법은 O-표기법보다 더 많은 정보를 제공합니다. 상한과 함께 하한을 제공하니까요. 구할 수 있다면 θ-표기법을 구하는 것이 좋겠지만 빅오를 구하는 것도 벅찬 상황에서 이를 구하기란 매우 어려워 실제로는 O-표기법을 주로 사용합니다.

Ω-표기법 정의는 다음과 같습니다.

$$모든\ n > n_0에\ 대해\ cg(n) <= f(n)인\ 양의\ 상수\ c,\ n_0가\ 존재하면$$
$$f(n) = \Omega(g(n))$$

Ω-표기법은 하한을 의미합니다. 실제로는 거의 사용하지 않습니다.

마지막으로 대표적인 빅오 종류를 성능이 빠른 순서대로 쭉 훑어보겠습니다.

1. **O(1)**: 상수 시간이라고 합니다. 자료 구조에 저장된 데이터 개수와 상관없이 정해진 횟수의 연산 안에 알고리즘이 마무리됩니다. 가장 좋은 예로 동적 배열의 인덱싱이 있습니다. 동적 배열은 다음 장에서 알아봅니다.

2. **O(log n)**: 로그 시간이라고 합니다. 로그의 그래프를 생각해 보면 이는 y=x로 그려지는 선형 시간에 비해 성능이 월등히 좋다고 할 수 있습니다. 대표적인 예로 이진 탐색 트리 계열에 속하는 자료 구조(이진 탐색 트리, 균형 이진 트리, B 트리)의 삽입과 탐색, 삭제 모두 로그 시간입니다.

3. **O(n)**: 선형 시간입니다. 데이터 개수가 늘어날수록 선형으로 연산 횟수가 늘어납니다. 실제 함수를 만드는 데 O(n)으로 만들 수 있다면 충분히 만족할 만한 성능이라고 할 수 있습니다. 대표적으로는 연결 리스트의 탐색 연산과 동적 배열에서 배열 마지막에 원소를 추가하는 연산을 제외한 삽입·삭제 연산이 선형 시간입니다.

4. **O(nlog n)**: 선형 로그 시간입니다. 그래프를 그려 보면 O(n)과 비교했을 때는 성능이 나쁘지만 O(n²)과 비교하면 성능이 매우 좋습니다. 대표적인 예로는 비교 정렬 중에서 가장 성능이 좋다고 알려진 퀵 정렬과 병합 정렬 등이 모두 O(nlog n)입니다.

5. **O(n²), O(n³)**: 이제부터는 데이터 개수가 늘어날수록 연산 횟수가 가파르게 상승합니다. O(n²)은 이중 for 문을 실행할 때, O(n³)은 삼중 for 문을 실행할 때 성능입니다.

6. **O(2ⁿ)**: 지수 시간입니다. O(n²)이나 O(n³)보다 훨씬 성능이 좋지 않습니다. 데이터 개수가 많을 때 이런 성능을 가진다면 함수 실행이 너무 늦어질 수 있겠지요. 정말 어쩔 수 없는 상황이 아니라면 좀 더 나은 알고리즘으로 구현할 수 없을지 고민해 보아야 합니다.

2.1.3 방심은 금물!: 빅오의 함정

지금까지 빅오를 알아보았는데, 그렇다고 너무 맹신해서도 안 됩니다. 빅오는 연산 횟수를 기반으로 한 상대적인 기준이기 때문에 하드웨어나 다른 외부적인 요소를 전혀 고려하지 않습니다. 한가지 예를 들어 볼까요? 메모리에서 값을 두 개 가져와 더한 후 다시 메모리에 저장하는 동일한알고리즘을 한 컴퓨터에서는 메인 메모리에서 값을 가져와 저장한다 하고, 다른 컴퓨터에서는 하드 디스크에서 값을 가져와 저장한다고 가정하겠습니다. 컴퓨터 내부에는 클럭(clock)이라는 시계개념의 장치가 있습니다. 자세한 내용은 이 책 범위를 벗어나므로 지금은 단순히 시간이 얼마 걸리는지 잴 수 있다고만 해 두죠. 메인 메모리에서 값을 가져오거나 저장하는 데는 20~100클럭이필요한 반면, 하드 디스크에서 값을 가져오거나 저장하는 데는 50~500만 가까운 클럭이 필요합니다. 엄청난 차이가 나지요. 이런 상황을 고려한다면 동일한 알고리즘을 실행할 때 '둘 모두 같은빅오를 가지므로 비슷한 성능을 내겠구나'라고 판단하는 것은 옳지 못합니다. 그러므로 명세에서빅오가 O(n)이라고 표기되어 있더라도 반드시 벤치마킹 등을 이용하여 실제 성능을 테스트해 보는 것이 좋습니다.

2.2 추상 데이터 타입이란

DATA STRUCTURES

자료 구조를 시작하는 데 필요한 마지막 개념으로 추상 데이터 타입(Abstract Data Type, ADT)을 알아보겠습니다. 추상 데이터 타입을 이야기하기 전에 먼저 데이터 타입부터 정의해야겠군요.

데이터 타입(data type)이란 데이터를 저장하는 객체(object)와

객체가 할 수 있는 연산(operation)의 집합

정의를 보면 두 가지가 눈에 띕니다. 객체(object)와 연산(operation)입니다. 객체는 데이터 타입이나타낼 수 있는 모든 값의 집합입니다. 컴퓨터는 값을 표현하는 데 메모리 제약이 있으므로 정수라고 해도 무한대로 표현할 수는 없습니다. 그렇다면 표현할 수 있는 최소 정수와 최대 정수가 있을 것입니다. 이를 표현하면 {MIN, MIN-1, ⋯, -2, -1, 0, 1, 2, ⋯, MAX+1, MAX}와 같습니다.이 집합이 바로 정수형의 객체인 것이죠. 파이썬 실수형 객체에서 최댓값과 최솟값은 다음 파이썬코드로 알 수 있습니다.

```
>>> import sys
>>> sys.float_info.min
2.2250738585072014e-308
>>> sys.float_info.max
1.7976931348623157e+30
```

이 책에서 구현할 자료 구조는 대부분 객체 지향적으로 설계되었기 때문에 내부적으로 데이터를 실제로 저장할 객체와 이 객체 위에서 작동할 메서드를 가지고 있습니다. 연산이란 이 메서드들을 의미합니다. 그러므로 연산을 명세할 때는 메서드 이름과 매개변수, 반환값을 반드시 표기해야 합니다.

데이터 타입을 알아보았으니 이제는 최종 목적인 ADT를 알아보도록 합시다. ADT란 객체와 연산의 명세에서 객체 표현이나 연산 구현을 감춘 것을 의미합니다. 이렇게 이야기해서는 이해하기가 쉽지 않습니다.

예를 하나 들어 보겠습니다. C 언어에는 정수형을 표현하는 데 32비트 컴퓨터 기준으로 1바이트로 표현하는 char, 2바이트로 표현하는 short, 4바이트로 표현하는 int, 8바이트로 표현하는 long long 등 다양한 데이터 타입이 있습니다. int로 선언한 a 변수에 int의 최댓값인 $2^{31}-1$, 즉 2147483647이 저장된 상태에서 a 변수에 1을 더한다면 정수 오버플로(integer overflow)가 발생하여 프로그램이 의도한 대로 작동하지 않습니다. 명백한 에러입니다. 하지만 파이썬은 자료형을 명시하지 않습니다. a=2147483647이라고 저장한 후 a 변수에 1을 더해도 잘 더해집니다. 정수 오버플로도 발생하지 않습니다.

파이썬은 C로 만든 언어입니다. 어떻게 이렇게 될 수 있을까요? 파이썬은 기본적으로 정수를 int형에 저장합니다. 그러다가 최댓값 혹은 최솟값을 넘는 연산이 발생하면 내부적으로 long long으로 변환합니다. 프로그래머는 내부적으로 일어나는 일을 신경 쓰지 않아도 됩니다. 이것이 바로 객체에서 표현이 감추어진 것입니다. 표현(representation)이란 어떤 객체를 내부적으로 어떻게 저장할지 고민하는 것입니다. C 언어에는 직접 메모리 크기를 지정해 주기에 경계 값을 가지지만, 파이썬에는 자료형이 없으므로 실제 메모리에 어떤 크기로 저장되는지 감추어져 있는 것이지요.

추상화(abstraction)란 개념을 이해하기에 아주 좋은 예입니다. 그래서 파이썬을 하이 레벨 언어에서도 추상화가 더 많이 되어 있다고 말합니다. 바로 이런 이유 때문입니다. 연산도 마찬가지입니다. 연산을 명세할 때 함수 이름과 매개변수, 반환값만 표기할 뿐 내부적으로 어떻게 구현(implementation)했는지는 감춥니다.

사용자인 프로그래머는 내부 구현과 상관없이 명세만 보고도 이 함수를 잘 사용할 수 있을 것입니다. 이렇게 추상 데이터 타입을 정의하면 어떤 이점이 있을까요? ADT만 프로그래머에게 제공한다면 데이터 타입 설계자는 내부적으로 객체를 바꾸거나 함수 구현을 변경해야 할 때, 이를 사용자들에게 알릴 필요가 없습니다. 애초에 프로그래머들은 객체 표현이나 연산 구현을 알고 있지 않기 때문입니다.

이 장에서는 자료 구조를 공부하는 데 꼭 필요한 개념인 빅오와 추상 데이터 타입을 알아보았습니다. 다음 장에서는 선형 자료 구조 중에서 가장 기본인 배열을 알아보겠습니다.

3^장

배열:
변수가 한곳에 모여
있으면 빠르다!

3.1 동적 배열이란

3.2 지역성의 원리와 캐시

3.3 인덱싱: 데이터에 빠르게 접근한다!

3.4 동적 배열에서 데이터의 삽입과 삭제 1

3.5 동적 배열에서 데이터의 삽입과 삭제 2

초기 배열은 같은 데이터 타입을 가진 변수 집합이었습니다. 아직도 많은 언어에서 배열은 같은 타입 변수들을 저장합니다. 하지만 C 언어를 제외한 거의 대부분의 언어가 초기 형태의 배열이 아닌 동적 배열을 지원합니다. 동적 배열은 기존 배열이 가지는 장점은 유지하면서 여러 단점은 보완한 형태로 구현되었습니다. 이 장에서는 동적 배열을 자세히 알아보겠습니다.

3.1 / 동적 배열이란

메모리에 데이터를 저장하는 영역은 세 군데인데, 그중 스택과 힙 영역이 있습니다. 스택은 실제 스택 프레임(파이썬의 스택 프레임과 개념은 같지만 실제 할당되는 공간은 다름)이 쌓이는 메모리 공간이고, 힙은 변수의 생성 시기와 소멸 시기를 프로그래머가 결정할 수 있는 메모리가 동적으로 할당되는 영역입니다. 배열을 공부하는 데 왜 뜬금없이 메모리 이야기를 꺼내는지 의아하겠지만, 동적 배열 개념을 이해하려면 스택과 힙 차이를 알아야 합니다.

스택 프레임을 할당하려면 미리 할당될 스택 프레임의 크기를 알고 있어야 합니다. 그래서 스택 영역에 배열을 만들기 위해서는 반드시 고정된 크기로 만들어야 했습니다. 프로그램에 사용할 데이터 크기를 명확하게 알고 있다면 다행이지만, 크기가 가변적으로 변할 수 있는 상황이라면 스택에 고정 크기를 가지는 배열을 만들어 쓰기에 어려움이 많습니다.

이에 반해 힙 영역은 프로그래머가 원하는 만큼 크기를 할당받을 수 있기에 일단 필요한 만큼 할당받아 데이터를 저장하다가, 많은 메모리가 필요한 순간이 오면 더 큰 공간을 확보하여 이전 배열 요소를 모두 복사한 후 새로운 데이터를 삽입할 수 있습니다. 동적 배열이란 힙 영역에 저장되는 배열을 의미합니다. 이에 여러 가지 유용한 연산을 추가해서 오늘날의 동적 배열이 완성되었습니다. C++의 vector, 자바의 ArrayList, 파이썬의 리스트가 동적 배열입니다. 그럼 동적 배열의 ADT를 작성해 볼까요?

Dynamic Array

Object

: 원소의 순서 있는 유한 집합 Array

Operation

1. Array.is_empty( ) -〉 Boolean

   : 리스트가 비어 있으면 TRUE, 아니면 FALSE 반환

2. Array.add_last(element)

   : 리스트의 마지막에 원소 추가

3. Array.insert(index, element)

   : 리스트의 index 위치에 element 원소 삽입

4. Array[index] -〉 element

   : 인덱싱(indexing), 인덱스에 위치한 원소 반환

5. Array.remove_last( ) -〉 element

   : 리스트의 마지막 원소를 삭제한 후 반환

6. Array.remove(index) -〉 element

   : 인덱스에 위치한 원소를 삭제하고 반환

간단히 동적 배열의 ADT를 작성했습니다. 이 ADT의 연산들을 파이썬 리스트를 예로 들어 살펴보겠습니다.

- **is_empty()**: 파이썬에서 빈 리스트는 거짓을 의미합니다. 그러므로 메서드는 따로 없고 리스트 자체만으로 is_empty( ) 연산의 결과를 얻을 수 있습니다.

```
>>> li = []
>>> li
[]
>>> bool(li)
False
```

- **add_last(element)**: append( ) 메서드가 리스트의 마지막에 원소를 추가하는 연산을 수행합니다.

```
>>> li = [1, 2, 3, 4]
>>> li.append(5)
>>> li
[1, 2, 3, 4, 5]
```

- **insert(index, element)**: 리스트의 insert() 메서드가 리스트의 중간에 원소를 추가하는 연산입니다.

  ```
  >>> li = [1, 2, 3]
  >>> li.insert(1, 4)
  >>> li
  [1, 4, 2, 3]
  ```

- **remove_last()**: 리스트의 pop() 메서드에 매개변수를 전달하지 않으면 리스트의 마지막 원소를 삭제합니다.

  ```
  >>> li = [1, 2, 3, 4, 5]
  >>> li.pop()
  5
  >>> li
  [1, 2, 3, 4]
  ```

- **remove(index)**: 리스트의 pop() 메서드에 매개변수로 인덱스를 전달하면 리스트의 인덱스 위치에 있는 원소를 삭제합니다.

  ```
  >>> li = [1, 2, 3, 4, 5]
  >>> li.pop(1)
  2
  >>> li
  [1, 3, 4, 5]
  ```

다음 절부터 동적 배열이 연산을 수행할 때 내부에 어떤 일이 일어나는지 자세히 알아보겠습니다. 동적 배열을 잘 다루려면 다음 절의 내용을 잘 이해해야 합니다.

DATA STRUCTURES

3.2 지역성의 원리와 캐시

배열이 스택에 저장되든 힙에 저장되든 한 가지 중요한 특징이 있는데, 배열이 메모리상에서 물리적, 선형적으로 이어져 있다는 것입니다.

그림으로 살펴볼까요?

▼ 그림 3-1 배열의 메모리 구조

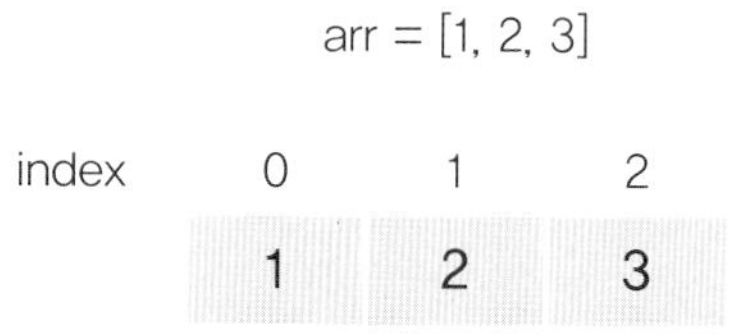

arr = [1, 2, 3]

index   0   1   2

| 1 | 2 | 3 |

그림 3-1을 보면 배열의 요소 1, 2, 3이 메모리상에서 물리적, 선형적으로 저장된 것을 확인할 수 있습니다. 데이터가 선형적으로 이어져 있다는 것은 배열의 가장 큰 특징이자 장점을 설명하는 데 아주 중요한 역할을 합니다.

배열의 장점은 지역성의 원리(principle of locality)와 캐시(cache)를 알아야 이해할 수 있습니다. 하드웨어 구조 이야기이지만, 배열의 장점과 밀접하게 연관된 개념이므로 조금 어렵게 느껴지더라도 한번 읽어 주세요.

코드 3-1을 살펴보겠습니다.

코드 3-1 principle_of_locality.py

```python
def sum_all(arr):
    ret = 0 # 1
    for elem in arr: # 2
        ret += elem  # 3
    return ret
```

프로그램을 작성하다 보면 이런 방식의 코드를 자주 접합니다. 연산 결과를 축적하는 ret 변수와 리스트에서 모든 요소를 하나씩 가져와 저장하는 elem 변수가 있습니다. ret 변수를 생각해 봅시다. CPU는 for 문이 수행될 때 배열의 모든 요소를 가져오면서 항상 ret 값을 먼저 가져옵니다. 이처럼 한번 접근한 변수는 계속해서 접근할 가능성이 높다는 것이 시간 지역성(temporal locality)입니다. 이번에는 배열의 요소를 생각해 봅시다. # 2 라인을 보면, 이번에 접근한 배열의 요소는 이전에 접근한 요소의 바로 다음이라는 것을 알 수 있지요. 이처럼 이번에 접근한 변수는 이전에 접근한 변수 근처에 있을 가능성이 높다는 것이 공간 지역성(spatial locality)입니다. 이런 지역성의 원리가 CPU와 메인 메모리 사이에 캐시를 두게 된 이유입니다.

코드 3-1에서는 # 1에 있는 ret 변수에 # 2의 arr에서 요소를 하나씩 가져와 ret에 더하고 있습니다. # 3 라인이 실행될 때 어떤 일이 일어나는지 한번 고민해 봅시다. CPU에는 메인 메모리에서 가져온 데이터를 일시적으로 저장할 수 있는 메모리 공간인 레지스터가 존재합니다. 이 레지스터는 그 어떤 메모리보다 빠르기 때문에 CPU가 값을 요청했을 때 1클럭 만에 데이터를 CPU 연산 장치인 ALU(Arithmetic Logic Unit)(산술 논리 장치)로 보낼 수 있습니다. 반면, 메모리에서 데이터를 가져올 때는 20~100클럭 정도가 소요됩니다.

3 라인에 있는 덧셈 연산이 실행되려면 메인 메모리에 저장된 ret 변수와 리스트 arr의 한 요소 값을 가진 elem 변수가 필요합니다. 메모리에서 바로 CPU의 연산 장치로 ret와 elem 값을 가져올 수 없으므로 반드시 CPU에 있는 메모리 공간인 레지스터로 값을 가져와야 합니다. 레지스터로 가져온 두 값은 이제야 더해집니다. 이 결괏값은 어디에 저장될까요? 바로 메모리에 저장되면 좋겠지만 이 결괏값은 다시 임시 레지스터에 저장됩니다. 임시 레지스터에 저장된 후에야 다시 메모리에 있는 ret 변수에 저장됩니다. 조금 복잡해 보이지만 핵심은 간단합니다. 메인 메모리에 있는 변수는 연산을 하기 전과 후에 반드시 레지스터를 거친다는 점이지요.

그렇다면 이렇게 추측해 볼 수 있습니다. # 3 라인의 코드가 실행되면 1) CPU는 매번 메인 메모리에 저장된 ret 값을 레지스터로 가져오고, 2) arr에서 한 요소를 매번 레지스터로 옮긴 후 3) 두 값을 더해 다시 레지스터에 저장하고 4) 그 값을 메인 메모리의 ret에 저장한다고 말이지요. 하지만 이렇게 연산이 진행된다면 문제가 하나 생깁니다. 정작 덧셈 연산은 1클럭 만에 계산되는데, 이를 위해 ret 값을 가져오는 데 최소 20클럭, 배열의 한 요소를 가져오는 데 또 20클럭, 다시 결괏값을 레지스터에서 메인 메모리의 ret로 옮기는 데 20클럭이 소요되어 최소한 60클럭 이상이 소요됩니다. 게다가 이와 같은 작업을 배열의 모든 요소에서 수행해야 합니다. 매우 비효율적이지요.

하드웨어 설계자들은 지역성의 원리를 토대로 이와 같은 비효율성이 엄청나게 많이 일어난다는 것을 알게 되었습니다. 이에 한 가지 발상을 합니다. CPU와 메인 메모리 사이에 성능이 빠른 버퍼로 메모리를 둔다면 이런 비효율성을 줄일 수 있지 않을까 하는 아이디어였습니다. 이에 도입된 것이 캐시입니다. 캐시가 어디에 있는지, 어떻게 작동하는지 간단하게 알아보도록 하죠.

그림 3-2에서 캐시는 CPU와 메인 메모리 사이에 위치해 있습니다. 이제 CPU는 필요한 변수를 메인 메모리에서 직접 가져오지 않고 캐시에 요청합니다. 처음으로 한 요청이므로 캐시에 arr[1] 값이 없습니다.

♥ 그림 3-2 캐시 1

❶ 캐시에 arr[1]이 있는지 묻는다.

CPU 캐시 메인 메모리

Reg1 Reg2

ALU

❷ 캐시에 arr[1]이 없다.

그림 3-3을 보면, 캐시에 CPU가 요청한 변수가 없으므로 캐시는 메인 메모리에 arr[1] 값을 요청합니다. 그런데 이때 arr[1] 값만 가져오는 것이 아니라 주변 변수까지 한꺼번에 가져옵니다. 배열이므로 주변 요소들을 함께 가져오는 것이지요.

♥ 그림 3-3 캐시 2

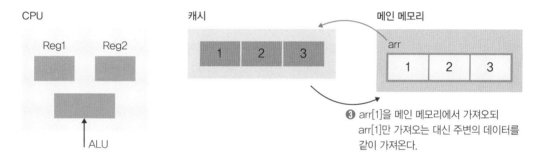

CPU 캐시 메인 메모리

Reg1 Reg2

ALU

❸ arr[1]을 메인 메모리에서 가져오되 arr[1]만 가져오는 대신 주변의 데이터를 같이 가져온다.

그림 3-4에서 이제 CPU는 캐시에 있는 arr[1] 값을 가져옵니다.

♥ 그림 3-4 캐시 3

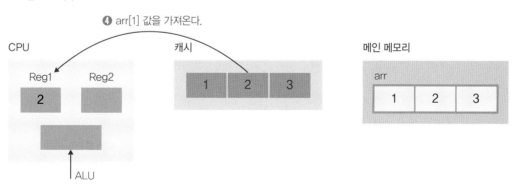

❹ arr[1] 값을 가져온다.

CPU 캐시 메인 메모리

Reg1 Reg2

ALU

그림 3-5가 가장 중요한 부분입니다. CPU가 for 문을 수행하고 있었다면 분명 배열의 다음 요소를 요청할 것입니다. 이때 CPU는 다시 캐시에 arr[2]를 요청하게 되고, 캐시에는 이전 요청 때 arr[2]까지 모두 가져온 상태이므로 메인 메모리에 값을 요청하지 않고 바로 CPU에 전달합니다.

▼ 그림 3-5 캐시 4

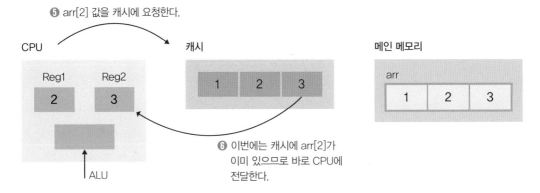

CPU가 캐시에 요청했는데 요청한 데이터가 없다면 이를 캐시 미스(cache miss)라고 하고, 요청한 데이터가 있다면 캐시 히트(cache hit)라고 합니다.

캐시가 도중에 껴서 과정이 더 복잡해졌다고 생각할지도 모릅니다. 하지만 그렇지 않습니다. 캐시에서 CPU로 데이터를 전달하는 데 걸리는 시간은 3클럭입니다. 메인 메모리에서 가져오는 것보다 훨씬 빠르지요. 공간 지역성을 고려한다면 캐시 히트가 발생했을 때 성능은 월등하게 향상됩니다.

앞서 배열은 메모리에서 선형적으로 이어져 있다고 했습니다. 그렇다면 캐시 히트가 발생하기 좋은 최적의 조건이군요. 게다가 배열이 관련 있는 데이터 집합임을 고려하면 배열의 장점은 충분히 짐작할 수 있습니다.

3.3 인덱싱: 데이터에 빠르게 접근한다!

DATA STRUCTURES

배열에 데이터를 저장한 후 데이터에 접근하는 연산을 생각해 봅시다. 배열에서는 인덱싱(indexing)을 이용하여 데이터에 접근합니다. 알다시피 인덱스는 0부터 시작하지요. 배열의 요소가 메모리에 선형적으로 존재하기 때문에 인덱싱은 다음과 같은 간단한 수식의 연산만으로도 쉽게 데이터에 접근할 수 있습니다.

데이터 주소 값 = 배열의 첫 주소 값 + (데이터 크기 * 인덱스)

이 수식은 한 번의 연산으로도 값에 접근할 수 있으므로 빅오는 O(1)입니다. 그림으로 이 수식을 이해해 봅시다(그림 3-6).

▼ 그림 3-6 인덱싱

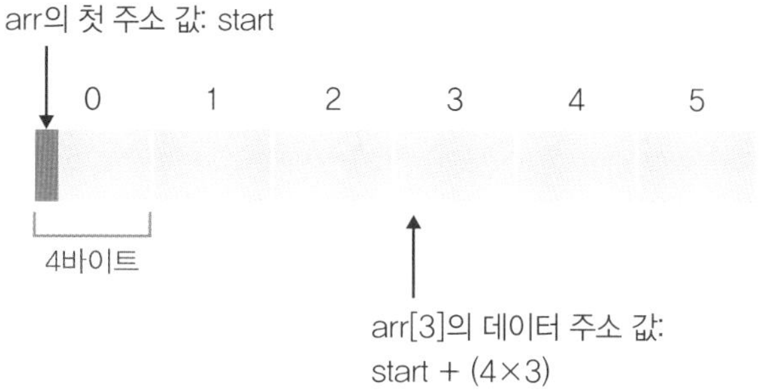

arr의 첫 주소 값: start

```
       0      1      2      3      4      5
```

4바이트

arr[3]의 데이터 주소 값:
start + (4×3)

그림 3-6을 보면 데이터 크기는 4바이트이므로 arr[3]에 접근하려면 그저 start+(4*3) 연산만 수행하면 됩니다. 이는 데이터 개수가 1만 개이든 2만 개이든 상관없이 딱 한 번만 연산하면 됩니다. 정말 놀랄 만한 성능이지요.

3.4 동적 배열에서 데이터의 삽입과 삭제 1

DATA STRUCTURES

이번에는 동적 배열에서 데이터를 삽입하거나 삭제하는 연산을 알아보겠습니다. 데이터 삽입과 삭제는 두 가지 경우로 나누어서 생각할 수 있습니다. 데이터를 배열의 마지막에 추가하거나 삭제하는 경우와 배열의 중간에 추가하거나 삭제하는 경우입니다.

먼저 **데이터를 배열의 마지막에 추가하거나 삭제하는 경우**를 알아보겠습니다.

보통 배열이 확보한 메모리 공간을 capacity라고 하고, 채워진 데이터 크기를 size라고 합니다. size보다 capacity가 크다면, 즉 배열에 요소가 채워질 공간이 충분하다면 추가하려는 데이터를 배열의 마지막 요소 다음에 추가하면 됩니다. 따라서 빅오는 O(1)입니다. 매우 만족스러운 성능입니다.

삭제할 때도 마찬가지입니다. 배열의 마지막 요소만 삭제하면 되는데, 삭제라고 하면 메모리를 0으로 초기화한다든가 하는 조치를 취해야 할 것 같지만 단순히 동적 배열에서 요소 개수를 나타내는 size란 변수를 1 줄이기만 해도 충분합니다. 따라서 역시 빅오는 O(1)입니다.

그림으로 살펴볼까요?

▼ 그림 3-7 동적 배열의 삽입과 삭제 1

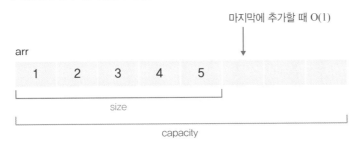

그림 3-7에서 capacity가 size보다 크다면 단순히 마지막 요소 다음에 새로운 요소를 추가하면 됩니다.

문제는 배열이 가득 차 있을 때입니다. 이때는 충분한 공간을 다시 확보하고 기존 배열 요소를 모두 복사한 후 새로운 데이터를 추가해야 합니다. 빅오가 데이터 개수만큼 복사해야 하므로 O(n)이 됩니다. 공간이 충분했을 때는 O(1)이었는데 이번에는 O(n)이라니 배열의 마지막에 데이터를 추가 혹은 삭제하는 연산은 빅오를 무엇으로 정해야 할까요? 이때 유용하게 적용할 수 있는 개념이 분할 상환 분석(amortized analysis)인데요. 책에서는 이 분석법을 자세히 알아보지는 않고 동적 배열에서의 예만 살펴보겠습니다. 미리 결론만 이야기하자면 분할 상환 분석을 이용한 이 연산의 빅오는 O(1)입니다.

다음 그림으로 이 분석의 정당성을 생각해 보죠.

size: 4

| 1 | 2 | 3 | 4 | ... |

capacity: 1000

996번의 추가 연산 동안
빅오는 O(1)

size: 1000

| 1 | 2 | 3 | 4 | ... | 1000 |

capacity: 1000

배열이 가득 찼을 때 한 번
빅오는 O(n)

그림 3-8을 보면 capacity가 충분히 커서 996번 동안은 빅오가 O(1)이고 그 후 배열이 가득 찼을 때 딱 한 번 빅오가 O(n)이 됩니다. 이를 이렇게 생각하면 어떨까요? 배열이 가득 찼을 때 추가하는 연산의 비싼 비용을 나머지 996번의 연산 동안 골고루 나누어 빚을 갚았다고 말이지요. 사실 동적 배열에서 배열이 가득 찼을 때는 배열 크기의 2배만큼 capacity를 다시 잡기 때문에 이후에 다시 배열이 가득 차려면 상당한 연산이 추가로 필요합니다. 그동안은 쭉 빅오가 O(1)인 셈입니다.

3.5 동적 배열에서 데이터의 삽입과 삭제 2

DATA STRUCTURES

이번에는 동적 배열의 삽입과 삭제 연산 중 **배열의 중간에 데이터를 삽입하거나 삭제하는 연산**을 알아보겠습니다.

새로운 요소를 배열의 맨 처음에 삽입해야 한다고 가정해 보겠습니다. 이때 동적 배열에서는 데이터를 맨 처음에 삽입하고자 이미 있는 요소들을 모두 한 번씩 뒤로 옮깁니다. 그 후 배열의 맨 처음에 새로운 요소를 삽입합니다. 데이터 개수가 n이라면 모두 n번 복사해야 하므로 O(n)입니다.

그림으로 살펴보겠습니다.

▼ 그림 3-9 동적 배열의 삽입과 삭제 3

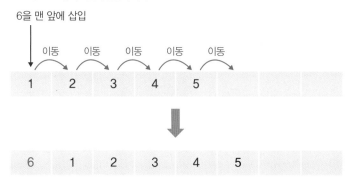

그림 3-9를 보면, 배열의 맨 앞에 6을 삽입하고자 기존 모든 요소를 뒤로 한 번씩 옮긴 후 6을 맨 앞에 삽입하고 있습니다. 삭제도 이와 같습니다. 맨 앞의 6을 삭제하려면 뒤에 있는 1부터 5까지 모든 요소를 한 번씩 앞으로 옮겨야 합니다. 그래서 빅오는 O(n)입니다. 동적 배열의 삽입과 삭제라고 하면 최악의 경우를 고려해야 하므로 O(n)이라고 말합니다.

> Tip ☆ **동적 배열은 언제 사용하나요?**
>
> 동적 배열은 모든 언어에서 사용하는 가장 기본적인 자료 구조입니다. 여러 데이터를 한곳에 저장할 때 가장 먼저 고려합니다. 파이썬의 리스트도 동적 배열입니다. 자바에는 ArrayList가 있고 C++에는 vector가 있지요.

지금까지 동적 배열을 알아보았습니다. 대부분의 언어가 동적 배열을 지원하기 때문에 이런 작동 원리를 모르더라도 사용할 수는 있을 것입니다. 하지만 작동 원리를 공부하면 앞으로 파이썬 코드를 작성하면서 리스트의 append( )와 insert( ) 메서드 중 무엇을 사용할지 고민하는 상황에서 분명한 근거를 대고 메서드를 선택하여 사용할 수 있을 것입니다.

4^장

연결 리스트:
삽입과 삭제를
빠르게 할 수 없을까?

4.1 연결 리스트 이해하기

4.2 동적 배열과 연결 리스트

4.3 더미 이중 연결 리스트

3장에서 설명했듯이, 동적 배열은 탐색 기능이 막강하며 배열 마지막에서 삽입 및 삭제 연산 속도가 빨라 프로그램을 처음 작성할 때 가장 먼저 사용을 고려하는 자료 구조입니다. 하지만 데이터를 배열 중간에 삽입하거나 삭제해야 할 때는 원소들을 옮겨야 하는 부담이 있지요. O(n) 정도면 성능이 훌륭하지 않나 하고 생각할 수도 있습니다. 그래도 중간에 삽입과 삭제가 자주 일어나는 상황에서 좀 더 나은 삽입 및 삭제 연산을 제공하는 자료 구조가 있다면 배열보다 그것을 선택하는 것이 나을 수 있습니다. 연결 리스트(linked list)는 이런 고민에서 만들어진 자료 구조입니다.

4.1 연결 리스트 이해하기

메모리상에 선형으로 나열된 배열과 달리 연결 리스트는 요소들이 참조로 이어져 있습니다. 각 요소는 노드라는 틀에 담겨 있는데, 노드는 데이터를 담는 부분과 다음 노드를 가리키는 참조로 구성되어 있습니다.

그림으로 살펴봅시다.

▼ 그림 4-1 노드

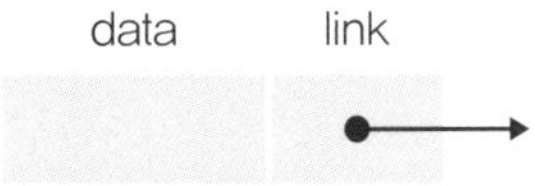

data   link

그림 4-1은 노드를 나타낸 것입니다. data는 실제 저장하려는 데이터고, link는 다음 노드를 가리킵니다. 이렇게 참조로 데이터와 데이터를 연결(link)해 두었기 때문에 연결 리스트라고 하지요. 연결 리스트는 참조가 하나 있느냐 둘이 있느냐에 따라 단순 연결 리스트(single linked list)와 이중 연결 리스트(double linked list)로 나눕니다. **단순 연결 리스트**는 다음 노드를 가리키는 참조 하나만 가지고 있는 반면, **이중 연결 리스트**는 앞 노드를 가리키는 참조와 뒤 노드를 가리키는 참조를 모두 가지고 있습니다.

단순 연결 리스트를 다룬 예제로 연결 리스트가 가지는 삽입·삭제·탐색 연산의 특징을 알아보겠습니다.

먼저 삽입·삭제 연산을 살펴보겠습니다. 그림을 보세요.

❤ 그림 4-2 연결 리스트의 삽입 1

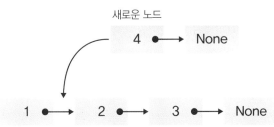

그림 4-2는 요소 세 개를 가진 연결 리스트에 새로운 노드를 삽입하는 첫 번째 과정입니다. 노드 1과 2 사이에 4를 삽입하려고 합니다. 동적 배열이었다면 2와 3 모두 옮기는 연산을 한 후 4를 삽입해야 하지만 연결 리스트는 다릅니다. 그저 그림 4-3과 같이 4의 link는 2를 가리키게 하고, 1의 link는 4를 가리키게 하면 됩니다.

❤ 그림 4-3 연결 리스트의 삽입 2

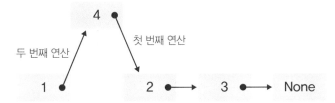

예제에서는 1 다음의 데이터가 두 개라서 연산 횟수의 차이를 느낄 수 없을지도 모릅니다. 하지만 1 이후의 데이터 개수가 10만 개였다면 동적 배열은 이동 연산이 10만 번 필요하고, 연결 리스트는 여전히 참조 할당 연산이 단 두 번만 필요합니다. 빅오는 O(1)인 것이지요. 삭제도 마찬가지로 빅오는 O(1)입니다.

그림으로 간단히 확인해 보죠.

❤ 그림 4-4 연결 리스트의 삭제

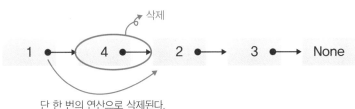

그림 4-4를 보면, 노드 4를 삭제할 때는 그저 노드 1의 link가 2를 가리키게 하면 됩니다. 그러면 함수를 실행한 후 노드 4는 따로 처리하지 않아도 메모리에서 사라지는데, 이는 파이썬이 언어 차원에서 대신 지워 주기 때문입니다. 이렇게 언어 차원에서 메모리를 관리해 주는 것을 가비지 컬렉션이라고 하는데, 파이썬의 경우 레퍼런스 카운트로 가비지 컬렉션을 지원합니다. 레퍼런스 카운팅은 어떤 객체를 가리키는 객체 개수가 0이 될 때 해당 객체를 지우는 것을 의미합니다. 노드 4를 보면, 노드 1이 2를 가리키면 자신을 가리키고 있는 어떤 노드도 없기 때문에 가비지 컬렉션으로 삭제됩니다. 가비지 컬렉션에 대한 자세한 내용은 파이썬 문법 책을 참고하세요.

마지막으로 연결 리스트의 탐색을 살펴보겠습니다. 연결 리스트는 인덱싱과 같은 연산을 구현할 수 없기 때문에 어떤 요소를 찾으려면 리스트의 처음부터 끝까지 하나씩 방문하면서 해당 요소를 찾아야 합니다.

그림으로 봅시다.

❤ 그림 4-5 연결 리스트의 탐색

4를 찾을 때

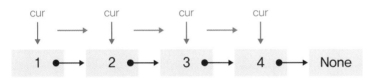

요소와 4를 비교하여 아니면
다음 노드로 이동해서 다시 비교한다.

그림 4-5를 보면, 먼저 cur 변수를 두어 리스트의 첫 노드를 가리키게 합니다. 그리고 찾고자 하는 값 4와 노드 값을 비교합니다. 첫 번째 노드 값은 1이므로 4가 아닙니다. 그럼 link를 통해 다음 노드로 이동해서 다시 비교합니다. 이 과정을 4를 찾을 때까지 진행합니다. 최악의 경우 리스트 마지막까지 비교해야겠지요. 데이터 개수가 n개라면 n번 비교해야 합니다. 그래서 빅오는 O(n)입니다.

지금까지 연결 리스트를 간단히 알아보았습니다. 다음 절에서는 동적 배열과 연결 리스트를 간단히 비교해 보겠습니다.

4.2 동적 배열과 연결 리스트

동적 배열과 연결 리스트의 차이를 정리한 다음 표를 살펴봅시다.

▼ 표 4-1 동적 배열과 연결 리스트의 차이

	동적 배열	연결 리스트
삽입 및 삭제	O(n)	O(1)
탐색	O(1)	O(n)

1. 삽입 및 삭제

동적 배열은 배열의 마지막에 데이터를 추가하거나 삭제하는 경우를 제외하고 O(n)의 성능을 가지는 반면, 연결 리스트는 단지 연산 상수 한 번만으로도 데이터를 추가하거나 삭제할 수 있습니다. 당연히 빅오는 O(1)입니다.

2. 탐색

동적 배열은 인덱싱이라는 단 한 번의 강력한 연산으로 해당 인덱스의 데이터에 접근할 수 있었습니다. 빅오는 O(1)이지요. 하지만 연결 리스트는 해당 요소의 데이터에 접근하기 위해 처음부터 모든 노드를 차례로 순회해야 했습니다. 빅오는 O(n)입니다.

이처럼 동적 배열과 연결 리스트의 특징은 정반대입니다. 자료 구조의 특징을 잘 이해했나요? 그렇다면 상황에 맞게 알맞은 자료 구조를 선택할 수 있습니다.

> **Tip ☆ 연결 리스트는 어디에 쓰나요?**
>
> 연결 리스트는 그 자체만으로는 동적 배열에 비해 쓰임새가 적은 편입니다. 삽입과 삭제가 빈번한 경우에 사용을 고민해 볼 수 있겠지요. 연결 리스트를 사용한 예로는 OS에서 힙 메모리를 할당 및 해제할 때 이중 연결 리스트로 구현한 경우가 있습니다. 연결 리스트가 중요한 이유는 다른 자료 구조를 구현하는 토대가 되기 때문인데요. 뒤에서 배울 트리는 대부분 연결 리스트로 구현됩니다.

4.3 / 더미 이중 연결 리스트

보통 연결 리스트라고 하면 더미 이중 연결 리스트(dummy double linked list)를 의미합니다. 연결 리스트의 ADT를 정의하고 직접 구현해 봅시다.

DoubleLinkedList

- Object

  : 순서 있는 원소의 유한 집합

- Operation

  1. empty( ) −> Boolean

     : 비어 있으면 TRUE, 아니면 FALSE 반환

  2. size( ) −> Integer

     : 요소 개수 반환

  3. add_first(data)

     : data를 리스트의 맨 앞에 추가

  4. add_last(data)

     : data를 리스트의 맨 마지막에 추가

  5. insert_after(data, node)

     : data를 node 다음에 삽입

  6. insert_before(data, node)

     : data를 node 이전에 삽입

  7. search_forward(target) −> node

     : target을 리스트의 맨 처음부터 찾아 나가다 리스트에 있으면 노드 반환, 그렇지 않으면 None 반환

  8. search_backward(target) −> node

     : target을 리스트의 맨 마지막부터 찾아 나가다 리스트에 있으면 노드 반환, 그렇지 않으면 None 반환

9. delete_first( )

: 리스트의 첫 번째 요소 삭제

10. delete_last( )

: 리스트의 마지막 요소 삭제

11. delete_node(node)

: node 삭제

먼저 연결 리스트 내부에서 데이터를 저장할 노드를 만들겠습니다.[1]

코드 4-1

```python
class Node:
    def __init__(self, data=None):
        self.__data = data
        self.__prev = None
        self.__next = None

    # 소멸자: 객체가 사라지기 전 반드시 호출됩니다.
    # 삭제 연산 때 삭제되는 것을 확인하고자 작성했습니다.
    def __del__(self):
        print("data of {} is deleted".format(self.data))

    @property
    def data(self):
        return self.__data

    @data.setter
    def data(self, data):
        self.__data = data

    @property
    def prev(self):
        return self.__prev

    @prev.setter
    def prev(self, p):
        self.__prev = p
```

---

1   4장 전체 코드는 double_linked_list.py 파일에 있습니다.

```
    @property
    def next(self):
        return self.__next

    @next.setter
    def next(self, n):
        self.__next = n
```

코드 4-1은 더미 이중 연결 리스트에서 데이터를 저장할 노드를 구현한 것입니다. 노드 클래스의
생성자를 보면 데이터를 저장할 __data, 이전 노드를 참조할 __prev, 다음 노드를 참조할 __next
가 멤버입니다. 프로퍼티를 이용하여 캡슐화했습니다. 이 책에서는 프로퍼티나 캡슐화는 자세하
게 설명하지 않겠습니다. 아직 프로퍼티나 캡슐화 같은 OOP 개념을 익히지 않았다면 __data와
__prev, __next를 외부에서 접근할 때 실제 변수 이름 대신 data와 prev, next로 접근할 수 있도
록 했다는 정도로만 정리하고 공부를 이어 나가면 됩니다.

이제 DoubleLinkedList 클래스를 만들어 보겠습니다. 먼저 인스턴스 멤버를 고민해 봅니다. 더미
리스트이므로 더미를 가지고 있어야 하겠지요. 리스트의 맨 앞에 더미 노드를 하나 만들고 이를
head라는 인스턴스 멤버로 가리키게 합니다. 리스트의 맨 마지막에도 더미 노드를 하나 만들고 이
를 tail이라는 인스턴스 멤버로 가리키게 합니다. 그리고 이 둘을 연결해서 초기화합니다. 마지막
으로 리스트에 데이터가 몇 개 있는지 저장하고자 d_size라는 인스턴스 멤버를 둡니다. 이를 코드
로 살펴본 후 그림으로 확인하도록 하죠.

코드 4-2

```
class DoubleLinkedList:
    def __init__(self):
        # 리스트의 맨 처음과 마지막은 실제 데이터를
        # 저장하지 않는 노드입니다. 이를 더미 노드라고 합니다.
        self.head = Node()
        self.tail = Node()
        # 초기화
        # head와 tail을 연결합니다.
        self.head.next = self.tail
        self.tail.prev = self.head
        # 데이터 개수를 저장할 변수입니다.
        self.d_size = 0
```

코드 4-2를 그림 4-6과 같이 표현했습니다. 중요한 점은 head와 tail이 가리키는 더미 노드에는
데이터가 저장되어 있지 않다는 것입니다.

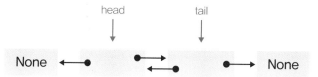

▼ 그림 4-6 더미 이중 연결 리스트 초기화

이제 ADT에 정의된 연산을 구현해 보겠습니다. 먼저 empty() 메서드를 구현하도록 하지요.

코드 4-3

```python
def empty(self):
    if self.d_size == 0:
        return True
    else:
        return False
```

데이터 개수를 저장한 d_size 멤버가 있으니 이를 이용하면 됩니다.

코드 4-4

```python
def size(self):
    return self.d_size
```

size() 메서드는 훨씬 간단합니다. 단순히 d_size 값을 반환하면 됩니다. 데이터를 리스트의 맨 처음에 삽입하는 add_first() 메서드를 볼까요?

코드 4-5

```python
def add_first(self, data):
    new_node = Node(data) ······ 새로운 노드를 만듭니다.
        next는 더미 노드의 다음 노드, 즉 첫 번째 데이터 노드를 가리키도록 합니다.
    new_node.next = self.head.next ······
    new_node.prev = self.head ······ prev는 리스트의 맨 앞 더미를 가리키도록 합니다.

    self.head.next.prev = new_node ······ 첫 번째 데이터 노드의 prev가 새로운 노드를 가리키도록 하고
    self.head.next = new_node ······ 더미 노드의 next는 새로운 노드를 가리켜 새로운 노드가 삽입되었습니다.

    self.d_size += 1 ······ 데이터 개수를 하나 늘리는 것도 잊어서는 안 됩니다.
```

add_first 함수는 맨 앞의 더미 노드와 첫 번째 데이터 노드 사이에 새로운 노드를 삽입합니다. 그림으로 삽입 과정을 살펴보겠습니다.

그림 4-7은 새로운 노드를 만든 직후의 모습입니다.

▼ 그림 4-7 add_first() 1

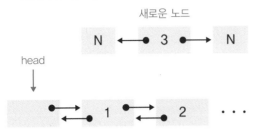

이제 head가 가리키는 더미 노드 다음에 이 새로운 노드를 삽입해야 합니다. 먼저 새로운 노드의 prev와 next를 연결해 보겠습니다. 이때 문제가 되는 것은 새로운 노드의 next가 첫 번째 데이터 노드를 가리키게 해야 한다는 것입니다. 그렇다면 첫 번째 데이터 노드를 가리키는 참조를 얻어야 하는데, 어떻게 해야 참조를 얻을 수 있을까요?

그림 4-8을 보면 첫 번째 노드를 가리키는 참조는 head의 next 멤버로 얻을 수 있습니다.

▼ 그림 4-8 add_first() 2

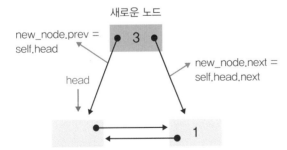

그림 4-9에서 새로운 노드의 prev와 next를 각각 더미 노드와 첫 번째 데이터 노드에 연결해 주었습니다.

▼ 그림 4-9 add_first() 3

그림 4-10을 보면 head의 next와 첫 번째 데이터 노드의 prev가 새로운 노드를 가리키게 했습니다.

▼ 그림 4-10 add_first() 4

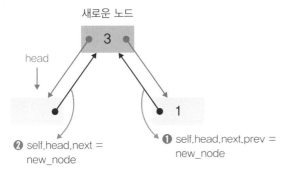

이때 주의할 점은 그림 순서대로 연결해야 에러가 나지 않는다는 것입니다. 순서대로 연결하지 않으면 어느 순간 다음에 연결해야 할 노드에 대한 참조가 사라져 곤란한 상황이 발생할 것입니다.

add_first() 메서드를 이해했다면, add_last(), insert_after(), insert_before() 메서드도 충분히 이해할 수 있습니다. 책에는 코드만 싣도록 하겠습니다. 직접 그림을 그리면서 이해해 보세요.

코드 4-6

```
def add_last(self, data):
    new_node = Node(data)

    new_node.prev = self.tail.prev
    new_node.next = self.tail

    self.tail.prev.next = new_node
    self.tail.prev = new_node

    self.d_size += 1

def insert_after(self, data, node):
    new_node = Node(data)

    new_node.next = node.next
    new_node.prev = node

    node.next.prev = new_node
    node.next = new_node
```

```
            self.d_size += 1

    def insert_before(self, data, node):
        new_node = Node(data)

        new_node.prev = node.prev
        new_node.next = node

        node.prev.next = new_node
        node.prev = new_node

        self.d_size += 1
```

다음으로 **요소를 탐색하는 연산**을 구현해 보겠습니다. 먼저 리스트의 첫 번째 데이터부터 선형으로 순회하면서 탐색하는 search_forward( ) 메서드를 볼까요?

코드 4-7

```
    def search_forward(self, target):
        cur = self.head.next ------ 데이터 노드를 순회할 cur 변수: 첫 번째 데이터 노드부터
                                    시작하므로 self.head.next를 가리킵니다.

        while cur is not self.tail: ------ 리스트의 마지막 노드가 더미 노드이므로
            if cur.data == target:         더미 노드가 아니라면 아직 데이터 노드입니다.
                return cur
            cur = cur.next
        return None
```

search_forward 함수는 첫 번째 데이터 노드부터 마지막 노드까지 대상 값을 가진 첫 번째 노드를 찾을 때까지 연결 리스트를 순회합니다.

탐색의 두 번째 연산은 리스트의 마지막 데이터부터 반대 방향으로 순회하면서 탐색하는 search_backward( ) 메서드입니다.

코드 4-8

```
    def search_backward(self, target):
        cur = self.tail.prev
        while cur is not self.head:
            if cur.data == target:
                return cur
            cur = cur.prev
        return None
```

마지막으로 **삭제 연산**을 알아보겠습니다. 리스트의 첫 번째 데이터 노드를 삭제하는 delete_first() 메서드를 살펴보죠.

```
def delete_first(self):
    if self.empty():
        return
    self.head.next = self.head.next.next
    self.head.next.prev = self.head

    self.d_size -= 1
```

그림을 볼까요?

▼ 그림 4-11 delete_first() 1

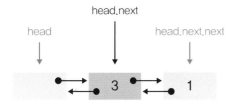

그림 4-11은 두 번째 데이터 노드를 어떻게 참조해야 할지 보여 줍니다. 첫 번째 데이터 노드를 지우려면 이 노드를 가리키는 모든 참조를 없애야 합니다. 그래야 레퍼런스 카운트가 0이 되어 사라집니다. 첫 번째 노드를 가리키는 참조는 더미 노드의 next와 두 번째 데이터 노드의 prev입니다. 이 두 참조를 서로 가리키도록 해야겠군요.

그림 4-12와 같이 더미 노드의 next가 두 번째 데이터 노드를 가리키도록 했습니다.

▼ 그림 4-12 delete_first() 2

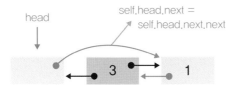

또 그림 4-13과 같이 두 번째 데이터 노드의 prev가 더미 노드를 가리키도록 했습니다.

▼ 그림 4-13 delete_first( ) 3

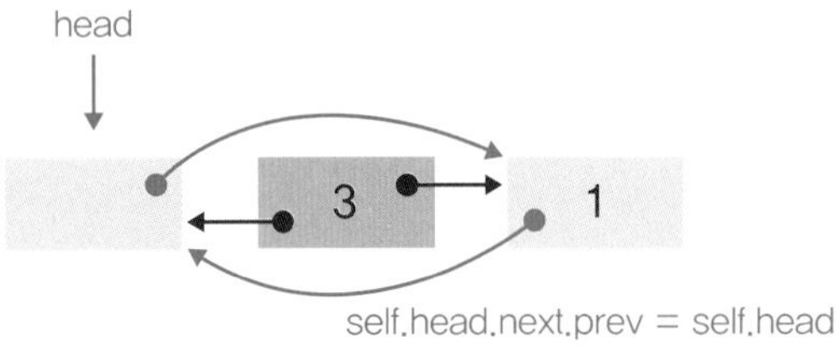

self.head.next.prev = self.head

이때 이전 코드에서는 두 번째 데이터 노드가 self.head.next.next였지만, 이번에는 self.head.next.prev란 점에 주의해야 합니다. 이전에 head의 next가 두 번째 데이터 노드를 가리키도록 변경했기 때문입니다. 두 번째 데이터 노드의 prev까지 더미 노드를 가리키도록 하면 더 이상 첫 번째 데이터 노드를 가리키는 참조는 없습니다. 이제 가비지 컬렉터가 이 노드를 삭제할 것입니다.

delete_first( ) 메서드를 이해했다면 삭제 연산의 나머지 두 메서드인 delete_last( )와 delete_node( ) 역시 쉽게 이해할 수 있을 것입니다. 코드만 싣도록 하겠습니다. 꼭 그림을 그려 가면서 이해해 보기 바랍니다.

코드 4-10

```python
def delete_last(self):
    if self.empty():
        return
    self.tail.prev = self.tail.prev.prev
    self.tail.prev.next = self.tail

    self.d_size -= 1

def delete_node(self, node):
    node.prev.next = node.next
    node.next.prev = node.prev

    self.d_size -= 1
```

코드 4-1~코드 4-10이 반영된 double_linked_list.py 파일을 실행하면 다음 결과가 출력됩니다.

```
*****************************************************************************
************
데이터 삽입 - add_first
데이터 삽입 - add_last
data size : 4
1  2  3  5
데이터 삽입 - insert_after
data size : 5
1  2  3  4  5
데이터 삽입 - insert_before
data size : 6
1  2  3  4  4  5
데이터 탐색
데이터 3 탐색 성공
데이터 삭제 - delete_node
data of 5 is deleted
data size : 5
1  2  3  4  4
*****************************************************************************
************
```

여러 가지 메서드를 추가하거나 변경하면서 다양하게 테스트해 보세요.

지금까지 더미 이중 연결 리스트를 알아보았습니다. 구현의 세세한 부분을 이해하는 것보다 동적 배열과 차이를 충분히 이해하고, 언제 연결 리스트를 써야 하는지 고민해 보는 것이 중요합니다. 다음 장에서는 배열, 연결 리스트와 함께 선형 자료 구조에 속하는 스택과 큐를 알아보겠습니다. 스택과 큐는 매우 널리 사용하는 자료 구조로 멀티스레딩, 스케줄링은 물론 뒤에서 배울 DFS, BFS까지 그 쓰임새가 무궁무진합니다.

5장

스택과 큐,
그리고 덱

5.1 스택: 데이터를 차곡차곡 쌓는다

5.2 큐: 데이터로 줄 세우기

5.3 덱: 스택으로도 큐로도 사용할 수 있는 덱

스택과 큐는 쓰임새가 많습니다. OS 내부의 많은 시스템이 스택과 큐를 기반으로 하며, 그래프와 트리 순회도 결국에는 스택과 큐로 하게 됩니다. 6장에서 다룰 깊이 우선 탐색은 스택을 이용하는 순회이며, 너비 우선 탐색은 큐를 기반으로 하지요. 또 1장에서 배운 스택 프레임도 결국에는 스택입니다. 먼저 스택과 큐를 알아보고 효율적인 스택과 큐를 어떻게 구현할 수 있는지 함께 알아보겠습니다. 또 마지막 절에서 스택과 큐를 합친 듯한 모양의 덱도 살펴보겠습니다.

DATA STRUCTURES

5.1 스택: 데이터를 차곡차곡 쌓는다

스택(stack)은 접시 쌓기를 떠올리면 됩니다. 데이터가 들어오면 차곡차곡 쌓이고 나갈 때는 맨 위에 있는 데이터부터 나갑니다. 즉, 맨 마지막에 들어온 데이터가 맨 처음 나가게 되지요. 이를 LIFO(Last In First Out)라고 합니다. 그림으로 알아보죠(그림 5-1).

▼ 그림 5-1 LIFO

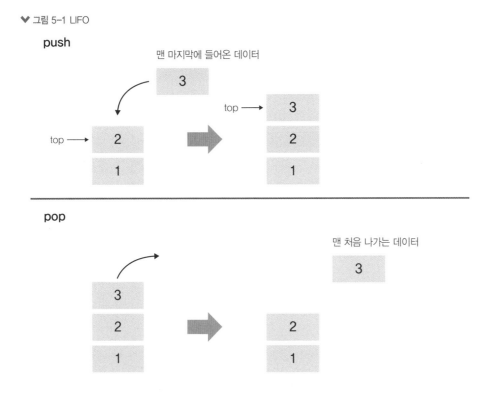

그림 5-1을 보면, 맨 마지막에 쌓인 데이터인 3이 맨 처음 출력되는 것을 알 수 있지요. 먼저 스택의 ADT를 정의한 후 어떻게 객체를 표현하고 연산을 구현할지 고민해 봅시다.

Stack
- Object
  : LIFO 객체

- Operation
  1. empty( ) –⟩ Boolean
     : 스택이 비어 있으면 TRUE, 아니면 FALSE 반환

  2. push(data)
     : data를 스택의 맨 위에 삽입

  3. pop( ) –⟩ element
     : 스택의 맨 위에 있는 데이터를 삭제하며 반환

  4. peek( ) –⟩ element
     : 스택의 맨 위에 있는 데이터를 반환만 함

5.1.1 스택 구현: 동적 배열을 이용하여 구현하기

스택을 어떻게 구현할지 고민해 보기 전에 먼저 파이썬에서는 어떻게 스택을 사용하고 있는지 살펴보겠습니다. 파이썬의 자료 구조에는 스택이라는 모듈이 따로 없습니다. 뒤에 살펴볼 큐는 모듈을 지원하는데 스택은 지원하지 않는다니 뭔가 억울합니다. 파이썬 공식 문서에서 그 이유를 이렇게 설명하고 있습니다.

"The list methods make it very easy to use a list as a stack, where the last element added is the first element retrieved ("last-in, first-out"). To add an item to the top of the stack, use append( ). To retrieve an item from the top of the stack, use pop( ) without an explicit index."

간단히 말하면 파이썬에서 스택은 리스트를 이용해서 간단하게 사용할 수 있는데 ADT의 push( ) 대신 리스트의 append( )를, ADT의 pop( ) 대신 리스트의 매개변수 없이 사용하는 pop( )을 사용하라고 합니다. 조금만 생각해 보면 이는 꽤나 합리적입니다. 3장의 동적 배열에서 맨 마지막에 데이터를 추가하거나 삭제하는 연산은 빅오가 O(1)이라고 했습니다. 이를 조금만 응용하면 이렇습

니다. 리스트의 맨 마지막 요소를 top이라고 할 때, 리스트의 맨 마지막에 요소를 추가하는 연산은 push()가 되고 리스트의 맨 마지막에 있는 요소를 빼내는 것은 pop()이 되지요. push와 pop이 모두 O(1)이므로 매우 합리적입니다. 하지만 아무런 추상화 없이 리스트를 스택으로 사용한다면 가독성은 매우 떨어질 것입니다. 코드를 읽는 프로그래머들은 이 리스트가 동적 배열로서 리스트인지 스택으로서 리스트인지 코드를 꼼꼼히 분석해야 하기 때문입니다.

이 문제를 해결하고자 스택의 내부 표현은 동적 배열로 하고 연산 구현은 리스트의 함수를 래핑(wrapping)하는 방법으로 추상화해 보겠습니다.

코드 5-1 stack.py

```python
class Stack:
    def __init__(self):
        self.container = list()  # 내부 표현(representation): 실제로 데이터를 담을 객체는 동적 배열

    def empty(self):
        if not self.container:
            return True
        else:
            return False

    def push(self, data):
        self.container.append(data)  # 맨 마지막 요소가 top: 동적 배열의 맨 마지막에 요소를 추가하는 것은
                                     # 스택의 top에 요소를 추가하는 것과 같습니다.

    def pop(self):
        if self.empty():
            return None
        return self.container.pop()

    def peek(self):
        if self.empty():
            return None
        return self.container[-1]
```

코드 5-1에서 Stack 클래스의 생성자를 보면, self.container=list()를 사용하여 실제 데이터를 담을 객체로 동적 배열을 생성하고 있습니다. 이렇게 하면 push 연산은 리스트의 append로, pop 연산은 리스트의 매개변수 없는 pop으로, peek는 단순히 동적 배열의 마지막 데이터를 인덱싱하는 것으로 대체하면 됩니다. 스택 사용 예는 다음과 같습니다.

코드 5-2 stack.py

```python
s = Stack()

s.push(1)
s.push(2)
s.push(3)
s.push(4)
s.push(5)

while not s.empty():
    print(s.pop(), end=' ')
```

코드를 실행하면 5 4 3 2 1이 출력됩니다.

이와 같이 추상화하면 유저 프로그래머도 한눈에 스택을 사용한다는 사실을 알 것입니다.

> Tip ★ **스택은 어디에 쓰나요?**
>
> 스택은 알게 모르게 다양한 곳에 쓰이고 있습니다. OS가 관리하는 메모리 영역 중에는 지역 변수가 할당되는 스택 메모리가 있는데, 여기에 스택 프레임이 쌓입니다. 이름부터 어떤 자료 구조를 이용하여 만들었는지 알 수 있지요. 또 뒤에서 배울 트리에서 모든 데이터를 순회하는 데 필요한 자료 구조 중 하나로 스택이 있습니다.

5.2 DATA STRUCTURES
큐: 데이터로 줄 세우기

큐(queue)는 줄 서기를 떠올리면 됩니다. 줄을 먼저 선 사람이 먼저 입장하게 됩니다. 즉, FIFO (First In First Out)입니다.

그림으로 살펴볼까요?

❤ 그림 5-2 FIFO

enqueue

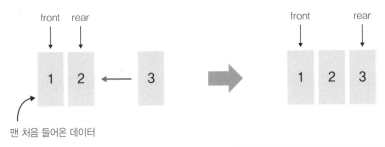

맨 처음 들어온 데이터

dequeue

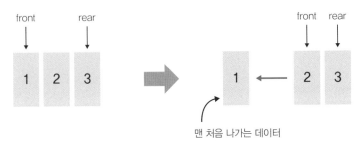

맨 처음 나가는 데이터

그림 5-2를 보면 맨 처음 들어온 데이터 1이 맨 처음 나갑니다. 큐의 첫 데이터는 front가 가리키고 있으며, 큐의 마지막 데이터는 rear가 가리키고 있습니다.

이제 ADT를 기술하고 실제로 어떻게 구현할지 고민해 봅시다.

Queue

– Object

　: FIFO 객체

– Operation

　1. is_empty( ) –〉 Boolean

　　: 큐가 비어 있으면 TRUE, 아니면 FALSE 반환

　2. is_full( ) –〉 Boolean

　　: 큐가 가득 찼으면 TRUE, 아니면 FALSE 반환

　3. enqueue(data)

　　: 큐의 맨 뒤에 데이터 삽입

4. dequeue( ) -> element

   : 큐의 맨 처음 데이터를 삭제하면서 반환

5. peek( ) -> element

   : 큐의 맨 처음 데이터를 삭제하지 않고 반환만 함

5.2.1 큐 구현 1: 동적 배열을 단순하게 사용해서 구현하기

이전 절에서 스택을 동적 배열로 구현한 적이 있으니 리스트는 내부 표현으로 다음과 같이 구현해 볼 수 있습니다.

코드 5-3 queue.py

```python
class Queue:
    def __init__(self):
        self.container = list()

    def empty(self):
        if not self.container:
            return True
        else:
            return False

    def enqueue(self, data):
        self.container.append(data)

    def dequeue(self):
        # 동적 배열의 맨 처음 데이터를 삭제하므로 빅오는 O(n)
        # 좀 더 효율적으로 구현할 수는 없을까?
        return self.container.pop(0)

    def peek(self):
        return self.container[0]
```

테스트 코드까지 붙여 이 코드를 실행하면 1 2 3 4 5가 출력됩니다.

코드 5-3을 보면 파이썬의 동적 배열인 리스트를 이용해서 큐를 구현했습니다. 그런데 문제점이 하나 눈에 띄는군요. 스택에서 push와 pop 연산은 동적 배열의 맨 마지막에서 일어나므로 빅오가 O(1)이었습니다. 반면, 큐에서 enqueue 연산은 rear에 데이터를 추가하므로 스택과 같은 O(1)이지만, dequeue 연산은 동적 배열의 첫 번째 데이터를 삭제한 후 이후 모든 데이터를 한 번씩 옮겨야 하므로 O(n)이 됩니다. 그렇다면 동적 배열의 장점을 충분히 살린 큐는 만들 수 없을까요? 이에 대한 해답으로 다음 절에서는 원형 큐를 만들어 보겠습니다.

5.2.2 큐 구현 2: 원형 큐로 구현하기

이 절에서는 원형 큐(circular queue)를 알아보고 직접 구현해 보겠습니다. 원형 큐란 선형으로 이어져 있는 동적 배열을 마치 원형처럼 사용하는 방법입니다. 그림을 볼까요?

▼ 그림 5-3 원형 큐의 작동 원리

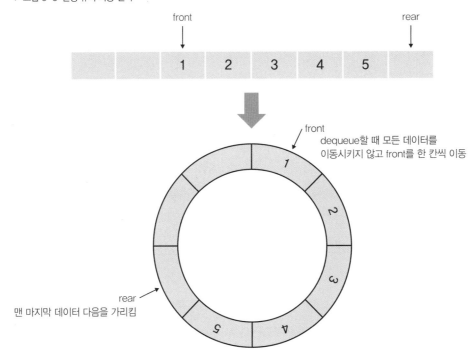

그림 5-3은 원형 큐의 작동 원리를 나타냅니다. 이전 절에서 구현은 dequeue 연산마다 모든 데이터를 한 번씩 이동시킨다는 문제점이 있었습니다. 이 문제를 해결하는 것은 간단한데, 데이터를 모두 이동시키는 것이 아니라 front를 뒤로 한 번만 이동시키면 됩니다. 그럼 이전에 front가 가리키던 데이터는 삭제된 것과 같습니다. 하지만 이 해결책에도 문제점이 하나 있습니다. 매번 dequeue 연산을 할 때마다 동적 배열의 앞부분이 하나씩 비게 되고 enqueue 연산은 계속되어 rear

가 동적 배열의 맨 마지막에 도달했을 때는 앞부분에 데이터를 저장할 충분한 공간이 있음에도 큐가 가득 찼다고 판단하게 되는 것입니다. 이 문제점은 선형적인 동적 배열을 원형으로 이어 붙이면 해결할 수 있습니다. 논리적으로 이렇게 구성하면 rear가 동적 배열의 맨 마지막에 도달했을 때는 동적 배열의 맨 처음을 가리키게 하여 빈 공간에 데이터를 추가하면 되는 것이지요.

원형 큐를 구현하는 한 가지 팁은 원형 큐가 비어 있을 때와 가득 찼을 때를 구분하기 위해 rear를 실제 데이터의 마지막 다음을 가리키게 하는 것입니다. 그림 5-3에 잘 표현되어 있습니다. 이렇게 하면 원형 큐가 비어 있을 때는 front가 rear와 같아지고, 가득 찼을 때는 rear+1이 front와 같아집니다. 또 front나 rear가 동적 배열의 맨 마지막에 도달했을 때 맨 처음으로 이동시켜 줄 편의 메서드를 하나 두면 훨씬 쉽게 구현할 수 있습니다.[1]

코드 5-4

```
class CQueue:
    MAXSIZE = 10 ------ 원형 큐가 잘 작동하는지 확인하고자 동적 배열의 크기를 작게 잡았습니다.
    def __init__(self):
        self.container = [None for _ in range(CQueue.MAXSIZE)]
        self.front = 0
        self.rear = 0
```

코드 5-4를 보면 원형 큐의 내부 표현이 동적 배열인 리스트라는 것을 알 수 있지요. 큐의 처음을 가리키는 front와 마지막을 가리키는 rear가 0으로 초기화됩니다. front와 rear가 같으므로 원형 큐는 비어 있습니다.

코드 5-5

```
def is_empty(self):
    if self.front == self.rear:
        return True
    return False
```

원형 큐가 비어 있는지 판단하려면 front와 rear가 같은지 비교하면 됩니다.

코드 5-6

```
def __step_forward(self, x): ------ 편의 함수: front나 rear를 뒤로 이동했을 때 동적 배열을 벗어난다면
    x += 1                           동적 배열의 맨 처음으로 이동시킵니다.
    if x >= CQueue.MAXSIZE:
```

1 코드 5-4~코드 5-11은 circular_queue.py 파일에 있습니다.

```
        x = 0
    return x
```

코드 5-6의 __step_forward( ) 메서드는 front나 rear의 이동을 돕습니다. enqueue나 dequeue 연산을 할 때 무작정 front나 rear에 1을 더할 수는 없습니다. 항상 동적 배열의 끝에 도달했는지 아닌지를 판단한 후 이동해야 하므로 이를 편의 메서드로 만들어 둡니다. __step_forward( ) 메서드는 뒤로 이동한 후 동적 배열을 벗어나면 배열의 맨 처음으로 이동하도록 만들어 줍니다.

코드 5-7

```
def is_full(self):
    next = self.__step_forward(self.rear)
    if next == self.front:
        return True
    return False
```

코드 5-7의 is_full( ) 메서드는 원형 큐가 가득 찼는지 확인합니다. 이때 바로 rear에 1을 더한 후 front와 비교해서는 안 됩니다. 먼저 rear를 __step_forward( ) 메서드로 이동시킨 후 이를 front와 비교해야 합니다. rear가 다음으로 이동할 곳이 front와 같다면 이는 원형 큐가 가득 찼다는 것입니다.

코드 5-8

```
def enqueue(self, data):
    if self.is_full():
        raise Exception("The queue is full")
    self.container[self.rear] = data
    self.rear = self.__step_forward(self.rear) ······ rear는 마지막 데이터의 다음을 가리킵니다.
```

코드 5-8은 원형 큐에 데이터를 삽입하는 enqueue( ) 메서드입니다. rear가 동적 배열에 있는 마지막 데이터의 다음을 가리키므로 먼저 데이터를 rear 위치에 추가하고 rear를 뒤로 이동시킵니다.

코드 5-9

```
def dequeue(self):
    if self.is_empty():
        raise Exception("The queue is empty")
    ret = self.container[self.front]
    self.front = self.__step_forward(self.front)
    return ret
```

코드 5-9는 원형 큐에서 데이터를 빼내는 dequeue() 메서드입니다. 원형 큐의 첫 번째 데이터를 삭제한다고 바로 front를 뒤로 이동시켜서는 안 됩니다. dequeue 연산은 삭제된 데이터를 반환해야 하므로 먼저 ret 변수에 삭제될 요소를 담은 후 front를 뒤로 이동시키고 ret 값을 반환해야 합니다.

코드 5-10

```
def peek(self):
    if self.is_empty():
        raise Exception("The queue is empty")
    return self.container[self.front]
```

peek() 메서드의 구현은 단순히 front의 요소를 반환하면 됩니다.

마지막으로 원형 큐가 잘 작동하는지 확인해 볼까요?

코드 5-11

```
cq = CQueue()

for i in range(8):
    cq.enqueue(i)

for i in range(5):
    print(cq.dequeue(), end="  ")

for i in range(8, 14):
    cq.enqueue(i)

while not cq.is_empty():
    print(cq.dequeue(), end="  ")

print()
for i in range(10):
    print(cq.container[i], end="  ")
```

테스트를 위해 원형 큐의 크기를 10으로 했었지요. 코드 5-11을 보면 데이터를 여덟 개 삽입한 후 다섯 개는 지우고 다시 몇 개를 더 삽입하여 일부러 원형 큐의 크기를 벗어나게 삽입했습니다. 마지막으로 내부에 있는 동적 배열의 실제 모습은 어떤지 출력해 보았습니다. 실행하면 다음 결과가 출력됩니다.

```
0  1  2  3  4  5  6  7  8  9  10  11  12  13
10 11 12 13  4  5  6  7  8  9
```

실행 결과의 두 번째 라인이 원형 큐의 내부에 있는 동적 배열의 실제 모습입니다.

Tip ☆ 큐는 어디에 쓰나요?

큐의 쓰임새는 스택보다 더 다양합니다. OS는 태스크 큐를 이용하여 스케줄링을 합니다. 컴퓨터는 동시에 여러 프로그램을 실행할 수 있는데 실제로 작업을 수행하는 CPU 개수는 제한적입니다. 이때 OS는 여러 프로그램에서 작업을 요청받아 이를 큐에 담은 후 정해진 알고리즘에 따라 큐에서 태스크(작업)를 꺼내 실행합니다. 이렇게 실행할 작업 순서를 정하는 것을 스케줄링이라고 합니다. 웹 개발을 한 적이 있다면 aws의 SQS를 많이 알고 있을 것입니다. 이것도 이름에 Queue가 들어 있군요. 대표적인 생산자-소비자 패턴으로, 15장에서 좀 더 자세히 알아보겠습니다.

5.3 덱: 스택으로도 큐로도 사용할 수 있는 덱

스택, 큐와 비슷한 자료 구조로 덱이 있습니다. 덱(deque)은 double-ended queue의 약어입니다. 큐와 매우 친할 것 같은 느낌이군요. 스택은 top이 있는 방향으로만 데이터를 입력하고 출력할 수 있습니다. 큐는 front가 있는 방향으로는 데이터를 출력하고, rear가 있는 방향으로는 데이터를 입력하지요. 한 방향에서 하나의 입출력 연산 중 오직 하나만 가능합니다. 이에 비해 덱은 front와 rear에서 입출력이 모두 가능합니다. 즉, front에서도 데이터 입출력이 가능하고 rear에서도 데이터 입출력이 가능합니다. 먼저 덱의 ADT를 알아볼까요?

Deque

– Operation

    1. is_empty( ) –〉 Boolean

        : 덱이 비어 있으면 TRUE, 아니면 FALSE 반환

    2. is_full( ) –〉 Boolean

        : 덱이 가득 찼으면 TRUE, 아니면 FALSE 반환

    3. insertFront(data)

        : 덱의 맨 앞에 데이터 삽입

4. insertRear(data)

   : 덱의 맨 뒤에 데이터 삽입

5. popFront( ) –〉 element

   : 덱의 맨 처음 데이터를 삭제하면서 반환

6. popRear( ) –〉 element

   : 덱의 맨 마지막 데이터를 삭제하면서 반환

7. peekFront( ) –〉 element

   : 덱의 맨 처음 데이터를 삭제하지 않고 반환만 함

8. peekRear( ) –〉 element

   : 덱의 맨 마지막 데이터를 삭제하지 않고 반환만 함

스택과 큐를 공부했기 때문에 ADT만 보아도 사용법이 어느 정도 그려지는군요. 덱은 어떻게 구현할 수 있을까요? 먼저 원형 큐를 구현할 때 사용한 배열을 원형으로 만드는 방법을 고려해 볼 수 있습니다. 그리고 연결 리스트를 배울 때 알아본 이중 연결 리스트도 떠올릴 수 있겠군요. 결론부터 말하면 두 방법 모두 덱을 구현하는 데 사용할 수 있습니다. 이 절에서는 실제로 구현하지 않고 파이썬이 제공하는 deque을 이용해서 스택과 큐를 흉내 내고 파이썬의 내부 구현이 원형 배열인지 이중 연결 리스트인지 유추해 보겠습니다. 문서에 나와 있는 빅오만 보고도 내부 구현을 유추할 수 있습니다. 자료 구조를 공부하는 데 좋은 경험이 될 것입니다.

덱을 이용해서 스택과 큐를 구현해 볼까요? 코드 5-12를 봅시다.

코드 5-12 deque.py

```
from collections import deque

print('*' * 20 + ' STACK ' + '*' * 20)
stack = deque()
for i in range(1, 6):
    stack.append(i)
    print(stack)

for i in range(5):
    print(stack.pop())

print('*' * 20 + ' QUEUE ' + '*' * 20)
queue = deque()
for i in range(1, 6):
```

```
        queue.append(i)
        print(queue)

for i in range(5):
    print(queue.popleft())
```

코드 5-12를 보면 deque을 임포트합니다. 덱의 메서드 이름을 보면 adt와는 조금 다르지만 충분히 유추할 수 있습니다. 먼저 rear에 데이터를 입력할 때는 append()를 호출합니다. rear에서 데이터를 출력할 때는 pop()을 호출합니다. front에 데이터를 입력할 때는 appendleft()를 호출하고, front에서 데이터를 출력할 때는 popleft()를 호출합니다. 리스트와 사용법이 비슷하기 때문에 쉽게 쓸 수 있습니다. 코드 5-12에서 스택을 흉내 낸 코드를 보면 먼저 append()로 rear에 데이터를 넣고 pop()으로 rear에서 데이터를 꺼냅니다. rear가 top인 셈이지요. 큐를 흉내 낸 코드를 보면, 먼저 append()로 rear에 데이터를 넣고 popleft()로 front에서 데이터를 꺼냅니다. 실행 결과를 확인해 볼까요?

```
******************* STACK *******************
deque([1])
deque([1, 2])
deque([1, 2, 3])
deque([1, 2, 3, 4])
deque([1, 2, 3, 4, 5])
5
4
3
2
1
******************* QUEUE *******************
deque([1])
deque([1, 2])
deque([1, 2, 3])
deque([1, 2, 3, 4])
deque([1, 2, 3, 4, 5])
1
2
3
4
5
```

실행 결과를 보면 덱을 이용해서 스택과 큐를 모두 구현할 수 있다는 것을 확인할 수 있습니다.

마지막으로 파이썬의 덱은 어떻게 구현되어 있는지 유추해 봅시다. 파이썬 공식 문서를 확인하면 deque 파트에 다음 문장이 있습니다.

"Indexed access is O(1) at both ends but slows to O(n) in the middle."

"인덱스로 양 끝에 접근할 때는 빅오가 O(1)이지만 중간에 있는 데이터에 접근하려면 조금 느려서 빅오가 O(n)이다."라고 쓰여 있습니다. 동적 배열의 인덱싱은 빅오가 O(1)이고, 연결 리스트에서 데이터에 접근할 때는 모든 노드를 순회해야 하므로 빅오가 O(n)인 것을 이미 알고 있지요. 이 문장으로 파이썬의 덱은 이중 연결 리스트를 이용하여 구현했음을 유추할 수 있습니다. 실제로 소스 코드를 직접 확인하지 않아도 스택 오버플로나 다른 문서를 보면 파이썬의 덱이 이중 연결 리스트를 이용해서 구현했다는 것을 확인할 수 있습니다. 이와 같이 자료 구조를 공부해 두면 새롭게 접하는 자료 구조라도 공식 문서나 각종 자료를 이용해서 내부 구현이나 작동 방식을 쉽게 유추할 수 있고 상황에 맞는 자료 구조를 골라 성능도 향상시킬 수 있습니다.

이 장에서는 여러모로 쓸모가 많은 스택과 큐, 덱을 자세히 알아보았습니다. 이 장을 마지막으로 선형 자료 구조는 모두 끝이 났습니다. 다음 장부터는 비선형 자료 구조에 속하는 그래프와 트리를 자세히 알아보겠습니다.

6^장

그래프:
관련 있는 데이터
연결하기

6.1 그래프 용어 정리

6.2 그래프를 표현하는 두 가지 방법: 도시와 도시를 이어 보자

6.3 그래프의 모든 노드 방문: 모든 도시를 여행해 보자

그래프는 로봇이 최단 경로를 계산해서 움직일 때나 내비게이션에서 경로를 안내할 때, 지하철역을 어디에 건설해야 가장 효율적인지 계산하는 등 매우 폭넓게 사용됩니다. 게다가 최근에 가장 중요한 이슈인 머신 러닝도 그래프를 활용합니다. 이 장에서는 그래프에 대한 이론적인 내용과 실제로 구현할 때 표현(representation), 모든 정점을 방문하는 방법인 순회(traversal) 등 그래프의 기본 내용을 다루어 보겠습니다. 많은 교재에서 그래프보다 트리를 먼저 소개합니다. 하지만 이 책에서는 트리 또한 그래프 일종으로 보고 먼저 그래프를 기본적으로 이해한 후 트리를 알아볼 것입니다. 그 이후에 다시 그래프로 돌아와 다양한 알고리즘을 공부해 보겠습니다.

6.1 그래프 용어 정리

그래프는 정점(vertex)의 집합 V(G)와 에지(edge)의 집합 E(G)로 정의됩니다. 다음과 같이 표기하기로 하죠.

$$G = (V, E)$$

무방향 그래프

다음 그림은 방향이 없는 무방향 그래프입니다.

▼ 그림 6-1 무방향 그래프

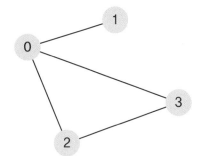

이 그래프를 집합 V, E로 표기해 보겠습니다.

$$G = (V, E)$$
$$V(G) = \{0, 1, 2, 3\}$$
$$E(G) = \{(0, 1), (0, 2), (0, 3), (2, 3)\}$$

그림 6-1에서 정점은 0, 1, 2, 3이 됩니다. 각 정점이 반드시 정수일 필요는 없지만 실제 구현에 서는 편의를 위해 각 정점을 0부터 차례로 증가하는 양의 정수로 표현합니다. 이 정수는 키로 하고 실제 정점 이름은 값으로 하는 딕셔너리를 만들어 두는 것도 한 방법이 되겠죠. 그림 6-1에서는 0과 2 사이가 선으로 이어져 있습니다. 정점과 정점을 잇는 것을 에지라고 합니다. 이 그래프는 언급한 것처럼 무방향 그래프(undirected graph)인데, 이는 (0, 1)은 (1, 0)과 같다는 의미입니다. 이 특징에서 한 가지 식을 도출해 낼 수 있는데, 정점 개수가 n개라면 이 그래프의 최대 에지 개수는 n*(n-1)/2가 된다는 것입니다.

방향 그래프

무방향 그래프가 있다는 것은 방향 그래프도 있다는 이야기이겠지요. 다음 그림은 방향 그래프입니다.

▼ 그림 6-2 방향 그래프

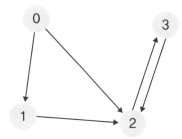

방향 그래프는 다음과 같이 표기하겠습니다.

$$G = \langle V, E \rangle$$
$$V(G) = \{0, 1, 2, 3\}$$
$$E(G) = \{\langle 0, 1 \rangle, \langle 0, 2 \rangle, \langle 1, 2 \rangle, \langle 2, 3 \rangle, \langle 3, 2 \rangle\}$$

그림 6-2를 보면 0과 2 사이에 화살표가 있습니다. 이는 0에서 출발하여 2로 도착합니다. 이때 0은 tail이 되고 2는 head가 됩니다. 그리고 ⟨0, 2⟩라고 표기합니다. 무방향과 비교하면 표기법이 다르지요. 방향이 있으므로 ⟨2, 3⟩과 ⟨3, 2⟩는 다릅니다. 그림을 보면 쉽게 알 수 있지요. 이 특징을 이용하여 수식을 하나 도출해 보면 정점 개수가 n개일 때 최대 에지 개수는 n*(n-1)입니다.

자기 간선

일반적으로 그래프는 자기 간선(self-edge)을 가지지 못합니다. 그렇다면 자기 간선은 무엇일까요? 그림 6-3을 보면 정점 0이 tail이자 동시에 head입니다. 이런 형태를 자기 간선이라고 합니다.

▼ 그림 6-3 자기 간선

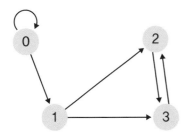

멀티그래프

그래프에서는 일반적으로 에지 중복을 인정하지 않습니다. 그림 6-4에서는 ⟨3, 1⟩인 에지가 여러 개입니다. 일반적으로 이런 그래프는 인정하지 않습니다. 이 중복 에지를 인정하는 자료 구조를 멀티그래프(multi-graph)라고 합니다.

▼ 그림 6-4 멀티그래프

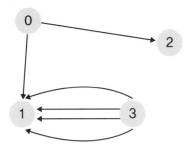

인접

그래프에서 두 정점이 인접한다(adjacent)는 표현은 매우 중요합니다. 다음 그림과 같이 정점 u와 정점 v 사이에 에지 (u, v)가 있을 때 u와 v는 서로 인접한다고 표현합니다.

▼ 그림 6-5 인접하다

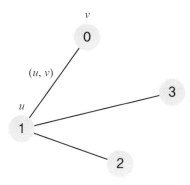

그림 6-5는 다음과 같이 표현합니다.

$$u \in V(G), \ v \in V(G)\text{고 } (u, v) \in E(G)\text{이면 u와 v는 adjacent}$$

경로

다음 그림에서 경로(path)란 (v_1, v_2), (v_2, v_3), (v_3, v_4)가 집합 E(G)의 원소일 때 v_1에서 v_4까지 정점 순서 v_1->v_2->v_3->v_4를 의미합니다. 이때 경로 길이는 에지 개수입니다. 경로 중에서 단순 경로(simple path)는 어떤 경로에서 처음과 마지막을 제외하고 모든 정점이 다를 때를 의미합니다. 그래프에서 경로라고 하면 일반적으로 단순 경로를 의미합니다. 사이클(cycle)이란 단순 경로에서 처음과 마지막 정점이 같은 것입니다. 그림 6-6에서는 v_2->v_3->v_4->v_2가 사이클이지요.

▼ 그림 6-6 경로

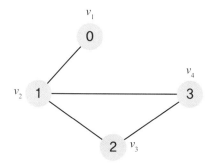

연결된 그래프

연결된 그래프(connected graph)란 개념도 중요합니다. 어떤 임의의 정점 u와 다른 어떤 임의의 정점 v를 골랐을 때 정점 사이에 경로가 있으면 이를 연결되었다(connected)고 하는데요. 연결된 그래프란 임의의 두 정점을 골랐을 때 모든 경우에 연결된 그래프입니다.

그림 6-7을 보면 그래프가 연결되어 있지 않습니다.

♥ 그림 6-7 연결 요소

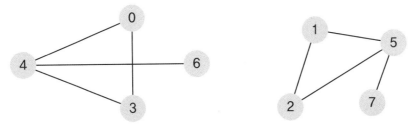

이것은 그래프가 두 개 아니야 하고 생각할 수 있지만 그렇지 않습니다. 연결되지 않은 그래프일 뿐이지요. 이를 그래프 표기법으로 나타내 볼까요?

$$G = (V, E)$$
$$V(G) = \{0, 1, 2, 3, 4, 5, 6, 7\}$$
$$E(G) = \{(0, 3), (0, 4), (1, 2), (1, 5), (2, 5), (3, 4), (4, 6), (5, 7)\}$$

정점과 에지의 집합을 가지는 그래프 맞지요? 이때 정점 집합 {0, 3, 4, 6}과 {1, 2, 5, 7}을 각각 연결 요소(connected component)라고 합니다.

차수

매우 중요한 개념인 차수(degree)를 이야기해 볼까 합니다. 무방향 그래프의 경우 어떤 정점 v의 차수 d(v)는 정점 v가 부속된 에지 개수입니다. 여기서 부속되었다(incident)는 표현은 정점 u와 정점 v 사이에 에지 (u, v)가 존재할 때 에지 (u, v)를 정점 u에 부속되었다, 정점 v에 부속되었다고 표현합니다. 그림으로 확인해 볼까요?

▼ 그림 6-8 무방향 그래프의 차수

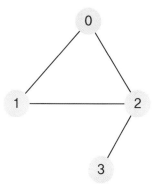

그림 6-8을 보면 정점 2에 부속된 에지가 세 개이므로 d(2)=3입니다. 방향 그래프는 어떨까요? 방향 그래프에서는 차수를 두 가지로 나눕니다. 진입 차수(in-degree)는 정점 v가 head인 경우입니다. 다시 말해 정점 v로 들어오는 에지 개수입니다. in-d(v)라고 표기합니다. 진출 차수(out-degree)는 tail인 경우입니다. 정점 v에서 나가는 에지 개수입니다. out-d(v)라고 표기합니다. 방향 그래프에서 차수는 진입 차수와 진출 차수의 합입니다. d(v)라고 표기합니다.

그림을 봅시다.

▼ 그림 6-9 방향 그래프의 차수

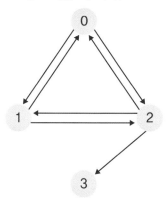

그림 6-9에서 정점 2의 진입 차수는 in-d(2)=2고, 진출 차수는 out-d(2)=3입니다. 차수는 d(2)=5입니다.

부분 그래프와 신장 부분 그래프

부분 그래프(subgraph)를 추측해 보기란 어렵지 않습니다. 정의해 보자면 그래프 G'가 G에 대해 V(G')⊆(G)고 E(G')⊆E(G)면 그래프 G'는 그래프 G의 부분 그래프입니다. 몇 가지 예제로 살펴보겠습니다.

그림 6-10을 보면 G'는 에지 (0, 1)은 없지만 부분 그래프 조건에 만족합니다. G"도 에지가 많이 없고 정점 3도 없지만 역시 부분 그래프입니다. 심지어 G'''를 보면 정점 0만 있어도 부분 그래프입니다.

▼ 그림 6-10 부분 그래프

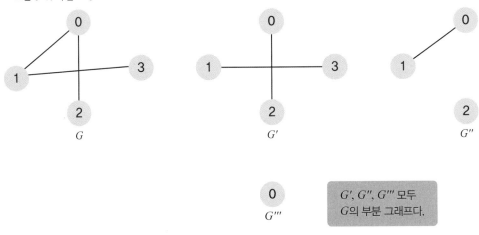

G', G", G''' 모두 G의 부분 그래프다.

여기서 그래프 G'가 그래프 G에 대해 V'=V고 E(G')⊆E(G)를 만족하면 이 그래프를 신장 부분 그래프(spanning subgraph)라고 합니다. 그림 6-11을 보면 G'는 V'=V를 만족하므로 신장 부분 그래프이지만, G"에는 정점 3이 누락되었으므로 V'=V를 만족하지 못해서 부분 그래프이지만 신장 부분 그래프는 아닙니다.

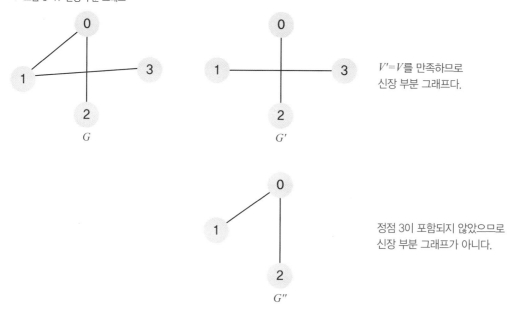
❤ 그림 6-11 신장 부분 그래프

$V'=V$를 만족하므로
신장 부분 그래프다.

정점 3이 포함되지 않았으므로
신장 부분 그래프가 아니다.

그래프 용어는 이 정도만 정리하기로 하지요. 다음 절에서는 그래프를 코드에서 어떻게 표현하는 지 고민해 보겠습니다.

6.2 그래프를 표현하는 두 가지 방법: 도시와 도시를 이어 보자

DATA STRUCTURES

도시가 다섯 개 있고, 도시 사이에는 도로가 있는 경우도 있고 없는 경우도 있다고 하겠습니다. 이 때 이 관계를 그래프로 어떻게 표현해야 할까요? 먼저 도시를 0부터 시작해서 4까지 숫자를 매깁 니다. 도시와 도시 사이에 도로가 있다면 이 두 정점 사이에 에지가 있는 것입니다. 여기까지 모델 링을 했으면 이제 이를 코드로 표현해야겠지요.

그래프를 표현하는 두 가지 방법에 인접 리스트(adjacency list)와 인접 행렬(adjacency matrix)이 있 습니다. 하나씩 자세히 살펴보겠습니다.

그림 6-12는 그래프를 **인접 리스트**로 표현한 것입니다.

▼ 그림 6-12 인접 리스트

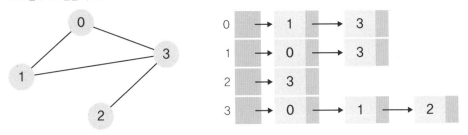

배열 한 개와 연결 리스트들로 구성되어 있습니다. 정점이 배열의 인덱스가 됩니다. 배열 요소인 연결 리스트는 해당 정점의 인접한 정점의 집합입니다. 정점 0을 보면 인접한 정점들이 {1, 3}이지요. 리스트 요소를 보면 1과 3이 있습니다. 정점 3을 볼까요? 정점 3에 있는 연결 리스트 요소는 {0, 1, 2}입니다. 이는 정점 3에 인접한 정점 집합임을 알 수 있습니다. 이렇게 구현할 때, 두 가지 연산의 빅오를 생각해 봅시다. 먼저 어떤 정점 v에 대해 인접한 모든 노드를 탐색하는 연산을 보죠. 해당 정점을 인덱스로 삼아 배열에서 연결 리스트를 얻어 온 후 이 연결 리스트를 순회하면 됩니다. 이 경우 모든 정점을 조사할 필요 없이 해당 정점의 인접한 정점들만 조사하게 되는군요. 그러므로 빅오는 O(d(v))입니다. 두 번째로 정점 u에 대해 (u, v)∈E(G)인지를 검사하는 연산입니다. 이때도 해당 정점을 인덱스로 연결 리스트를 가져와 인접한 모든 노드를 순회해야 하므로 빅오는 O(d(v))입니다.

이번에는 **인접 행렬**을 알아보겠습니다. 그림을 살펴보세요.

▼ 그림 6-13 인접 행렬

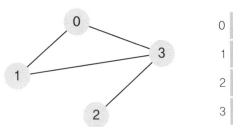

	0	1	2	3
0	0	1	0	1
1	1	0	0	1
2	0	0	0	1
3	1	1	1	0

그림 6-13은 인접 행렬을 어떻게 표현할지 보여 줍니다. 각각의 행을 정점으로 보고 열을 자신을 포함한 다른 정점이라고 생각하면 (1행, 2열)은 정점 1과 정점 2 사이의 관계를 나타냅니다. 그림 6-13을 보면 해당 값이 0이군요. 이 값은 정점 1과 정점 2는 서로 인접하지 않다는 것을 의미합

니다. 이차원 배열을 adj_matrix라고 합시다. 에지 (0, 1)이 있다면 adj_matrix[0][1]이 1이고 없다면 0입니다. 배열을 보면 adj_matrix[0][1]이 1이므로 에지 (0, 1)이 있습니다. 또 다른 특징을 살펴보면 그림 6-13은 그래프가 무방향 그래프입니다. 그러므로 (0, 1)과 (1, 0)이 행렬에서 모두 1입니다. 즉, 이 행렬은 대각선에 대해 대칭입니다.

인접 리스트에서 살펴보았던 두 가지 연산에 대해 인접 행렬은 어떤 빅오를 가지는지 보겠습니다. 먼저 정점 v에 대해 인접한 모든 노드를 탐색하는 연산입니다. 이 경우 v행에 대해 모든 열을 검사해야만 합니다. 즉, 열 개수는 정점 개수이지요. 정점 개수를 n이라고 했을 때 $O(n)$입니다. 두 번째 연산인 (u, v)가 있는지 여부를 확인하는 연산은 어떤가요? adj_matrix[u][v]를 확인만 하면 되므로 $O(1)$입니다.

그래프의 두 가지 표현 방법을 모두 알아보았으니 이제 직접 그래프를 구현해 보겠습니다. 먼저 이번 예제에서는 무방향 그래프를 인접 리스트로 표현해 보겠습니다.

Graph

- Object

  : 정점 집합 V와 정점 집합 V에 속하는 u, v에 대해 (u, v)가 속하는 에지 집합 E로 구성된 튜플

  G = (V, E)

- Operation

  1. G.is_empty( ) -〉 Boolean

     : 비어 있으면 TRUE, 아니면 FALSE 반환

  2. G.add_vertex( ) -〉 Integer

     : 정점을 추가하고 정점 인덱스를 반환

  3. G.delete_vertex(v)

     : 정점 v를 삭제

  4. G.add_edge(u, v)

     : 에지 (u, v)를 추가

  5. G.delete_edge(u, v)

     : 에지 (u, v)를 삭제

  6. G.adj(v) -〉 array

     : 정점 v에 인접한 정점 집합을 동적 배열로 반환

인접 리스트이므로 배열 요소로 연결 리스트를 사용해야 하지만 조금만 생각해 보면 동적 배열로
도 충분합니다. 구현은 연결 리스트 대신에 동적 배열을 사용하겠습니다.[1]

코드 6-1

```python
class Graph:
    def __init__(self, vertex_num=None):
        # 인접 리스트
        self.adj_list = []
        self.vtx_num = 0
        # 정점이 있으면 True
        # 정점이 없다면 False
        self.vtx_arr = []
        # 정점 개수를 매개변수로 넘기면
        # 초기화를 진행합니다.
        if vertex_num:
            self.vtx_num = vertex_num
            self.vtx_arr = [True for _ in range(self.vtx_num)]
            # 배열 요소로 연결 리스트 대신 동적 배열을 사용합니다.
            self.adj_list = [[] for _ in range(self.vtx_num)]
```

코드 6-1을 보면 그래프 객체를 만들 때 매개변수로 정점 개수를 받도록 합니다. adj_list는 인접
리스트입니다. vtx_num은 정점 개수를 나타내고, vtx_arr은 정점의 존재 여부를 저장합니다. vtx_
arr이 필요한 이유는 delete_vertex() 메서드로 도중에 있던 정점이 사라질 수 있기 때문입니다.
정점을 삭제할 때마다 뒤에 있는 모든 정점을 한 칸씩 당긴다면 인접 리스트의 모든 요소를 순회
하면서 당겨진 정점을 모두 변경해 주어야 합니다. 이는 효율적이지 못하지요. delete_vertex()
메서드를 호출할 때 단순히 그 정점 인덱스를 비활성화한다면 훨씬 편하지 않을까요?

코드 6-2

```python
    def is_empty(self):
        if self.vtx_num == 0:
            return True
        return False

    def add_vertex(self):
        for i in range(len(self.vtx_arr)):
            # 중간에 삭제된 정점이 있을 경우
            # 이를 재사용합니다.
```

---

1   코드 6-1~코드 6-5는 graph_representation.py 파일에 있습니다.

```python
        # vtx_arr 값이 False면
        # 삭제된 정점이라는 의미입니다.
        if self.vtx_arr[i] == False:
            self.vtx_num += 1
            self.vtx_arr[i] = True
            return i
    # 삭제된 정점이 없다면 정점을 하나 추가합니다.
    self.adj_list.append([])
    self.vtx_num += 1
    self.vtx_arr.append(True)
    return self.vtx_num - 1
```

코드 6-2는 is_empty()와 add_vertex() 메서드입니다. add_vertex() 메서드는 추가된 정점의 정점 인덱스를 반환합니다. self.vtx_arr을 순회하면서 비활성화된 정점이 있다면 이를 사용하고, 모두 사용 중이라면 정점을 하나 추가합니다.

코드 6-3

```python
def delete_vertex(self, v):
    if v >= self.vtx_num:
        raise Exception(f"There is no vertex of {v}")
    # 정점 v가 있으면
    if self.vtx_arr[v]:
        # 정점 v의 인접 정점 집합을 초기화합니다.
        self.adj_list[v] = []
        self.vtx_num -= 1
        self.vtx_arr[v] = False
        # 나머지 정점 중 v와 인접한 정점이 있다면
        # 그 정점의 리스트에서 v를 제거해 줍니다.
        for adj in self.adj_list:
            for vertex in adj:
                if vertex == v:
                    adj.remove(vertex)
```

코드 6-3은 delete_vertex() 메서드입니다. 매개변수로 전달한 v가 있다면 먼저 인접 리스트의 해당 요소를 빈 리스트로 초기화해 둡니다. 나중에 다시 활성화하여 사용할 것입니다. vtx_arr에서 삭제될 정점 값을 False로 바꿉니다. 이는 정점을 삭제하면서 해당 인덱스를 비활성화하는 것과 같습니다. 마지막으로 인접 리스트를 모두 순회하면서 에지에 v가 있다면 모두 삭제해 줍니다.

```python
    def add_edge(self, u, v):
        self.adj_list[u].append(v)
        self.adj_list[v].append(u)

    def delete_edge(self, u, v):
        self.adj_list[u].remove(v)
        self.adj_list[v].remove(u)
```

코드 6-4는 에지를 추가하고 삭제하는 연산입니다. 추가는 단순히 인접 리스트의 각 요소 마지막에 정점을 추가하기만 하면 됩니다. 삭제는 해당 동적 배열에서 정점을 삭제하면 되지요.

```python
    def adj(self, v):
        return self.adj_list[v]
```

코드 6-5는 정점 v에 인접한 모든 노드 집합을 리스트로 반환하는 adj() 메서드입니다.

이 코드를 실행하면 다음 결과가 출력됩니다.

```
num of vertices : 4
vertices : {0, 1, 2, 3, }
[0] : {1,   2,   3,   }
[1] : {0,   2,   }
[2] : {0,   1,   3,   }
[3] : {0,   2,   }

num of vertices : 5
vertices : {0, 1, 2, 3, 4, }
[0] : {1,   2,   3,   }
[1] : {0,   2,   4,   }
[2] : {0,   1,   3,   4,   }
[3] : {0,   2,   }
[4] : {1,   2,   }

num of vertices : 4
vertices : {0, 1, 3, 4, }
[0] : {1,   3,   }
[1] : {0,   4,   }
[3] : {0,   }
[4] : {1,   }
```

```
2
num of vertices : 5
vertices : {0, 1, 2, 3, 4, }
[0] : {1,   3,   }
[1] : {0,   4,   2,   }
[2] : {1,   4,   }
[3] : {0,   }
[4] : {1,   2,   }
```

지금까지 인접 리스트로 그래프를 구현해 보았습니다. 제공되는 소스 코드를 이리저리 바꾸어 가면서 테스트해 보기 바랍니다. 다음 절에서는 그래프 순회 방법을 고민해 보겠습니다.

DATA STRUCTURES

6.3 그래프의 모든 노드 방문: 모든 도시를 여행해 보자

그래프는 선형 자료 구조가 아니기 때문에 모든 노드를 한 번만 방문하는 순회(traversal)를 구현하기가 쉽지 않습니다. 그래프의 모든 노드를 순회하는 방법은 두 가지입니다. 너비 우선 탐색(Breadth First Search, BFS)과 깊이 우선 탐색(Depth First Search, DFS)입니다. 너비 우선 탐색은 큐를 이용해서 구현하고, 깊이 우선 탐색은 스택을 기반으로 합니다. 이 둘은 많은 알고리즘에서 기본적으로 사용하고 있기 때문에 매우 중요합니다.

이 절에서 만들 그래프는 이전 절에서 만든 그래프를 사용하지 않을 것입니다. 앞으로 공부하게 될 많은 그래프 알고리즘은 add_vertex나 delete_vertex, delete_edge 연산이 필요 없습니다. 한 번 그래프가 완성되면 이후 정점이나 에지가 바뀔 일이 거의 없기 때문입니다.

먼저 너비 우선 탐색을 알아보겠습니다.

6.3.1 너비 우선 탐색: 인근 도시부터 여행하기

그림을 먼저 살펴보겠습니다. 그림 6-14는 너비 우선 탐색의 순서를 나타내고 있습니다. L_1은 layer1입니다. 출발 정점 v가 3일 때 너비 우선 탐색은 먼저 정점 3을 방문한 후(L_1) 정점 3에 인접한 모든 정점이 이루는 L_2의 정점을 모두 방문합니다. 다음은 L_2의 정점에서 인접한 정점들이 이루는 L_3의 모든 정점을 방문합니다. 모든 정점을 방문할 때까지 계속 반복합니다.

❤ 그림 6-14 너비 우선 탐색

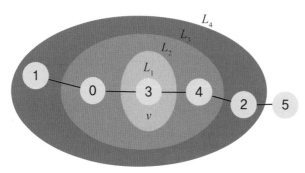

너비 우선 탐색은 큐를 사용합니다. 이번에는 파이썬이 제공하는 큐를 사용해 볼까요?[2]

코드 6-6

```python
from queue import Queue

class Graph:
    def __init__(self, vertex_num):
        # 인접 리스트로 구현
        self.adj_list = [[] for _ in range(vertex_num)]
        # 방문 여부 체크
        self.visited = [False for _ in range(vertex_num)]

    def add_edge(self, u, v):
        self.adj_list[u].append(v)
        self.adj_list[v].append(u)

    def init_visited(self):
        for i in range(len(self.visited)):
            self.visited[i] = False
```

---

2 코드 6-6~코드 6-10은 graph_traversal.py 파일에 있습니다.

코드 6-6을 보면 queue 모듈에서 Queue 클래스를 가져옵니다. 파이썬이 제공하는 큐에는 enqueue 연산을 하는 put() 메서드와 dequeue 연산을 하는 get() 메서드가 있습니다.

이번 그래프는 단순하게 생성자에서 정점을 만들고 add_edge() 메서드에서 에지를 추가합니다. 생성자를 보면 visited라는 멤버를 확인할 수 있는데 BFS와 DFS 모두에서 정점의 방문 여부를 확인할 수 있는 매우 중요한 배열입니다. 각 정점을 방문했다면 True를 반환하고, 아직 방문하지 않았다면 False를 반환합니다. init_visited() 메서드는 visited 멤버의 모든 요소를 False로 만듭니다. 먼저 코드를 보겠습니다.

코드 6-7

```python
def bfs(self, v):
    q = Queue()
    # 방문 체크 리스트를 초기화합니다.
    self.init_visited()

    # 첫 번째 정점을 큐에 넣고
    # 방문 체크
    q.put(v)
    self.visited[v] = True

    while not q.empty():
        v = q.get()
        # 방문
        print(v, end="  ")
        # 인접 리스트를 얻어 옵니다.
        adj_v = self.adj_list[v]
        for u in adj_v:
            if not self.visited[u]:
                q.put(u)
                self.visited[u] = True
```

코드 6-7을 보면 큐를 하나 만든 후 매개변수로 전달된 시작 정점을 먼저 삽입하고 큐가 비기 전까지 while 문을 실행하면서 모든 정점을 방문합니다. 원래 방문 목적은 해당 정점에서 어떤 연산을 수행하기 위해서입니다만, 이번 예제 목적은 어떻게 방문하는지 아는 것이므로 단순하게 정점을 출력하는 것을 방문으로 대신하겠습니다. while 문 내의 print(v, end=" ") 문이 방문입니다.

코드만 보아서는 이해하기 어려우니 그림으로 처음부터 끝까지 쭉 따라가 보죠.

그림 6-15를 보면 시작 정점인 v가 2인 것을 알 수 있습니다. 큐 q를 생성했습니다. 큐는 아직 비어 있습니다. visited도 초기화를 했으므로 모든 정점이 False입니다.

▼ 그림 6-15 BFS 1

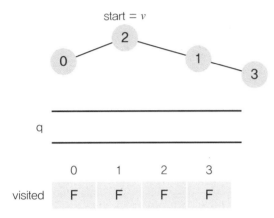

그림 6-16을 보면 시작 정점 2를 큐에 삽입하고 visited 배열의 2를 True로 바꾸었습니다. 이제 아래의 while 문이 실행될 것입니다.

▼ 그림 6-16 BFS 2

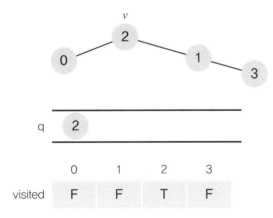

그림 6-17은 while 문 내의 실행을 보여 줍니다. 우선 큐에서 dequeue를 해서 v로 받아 옵니다. 이번에는 v가 2가 되겠군요. v를 출력합니다. 방문이 되겠지요. 그리고 adj[2]를 구합니다. adj[v]는 정점 v에 인접한 모든 정점의 집합을 의미합니다. adj[2]={0, 1}입니다.

▼ 그림 6-17 BFS 3

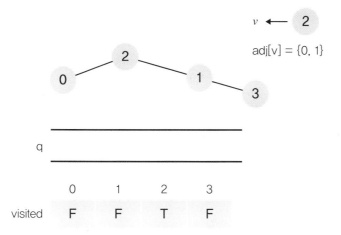

그림 6-18에서는 adj[2]를 for 문으로 순회하면서 방문하지 않았다면 큐에 삽입하고 visited의 해당 정점 값을 True로 바꾸어 줍니다. 그 후 그림 6-17을 반복할 것입니다.

▼ 그림 6-18 BFS 4

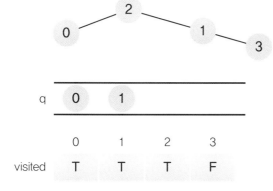

그림 6-19를 보면 큐에서 0을 dequeue해서 방문합니다. adj[0]={2}입니다만 2는 이미 방문했습니다. 그러므로 큐에는 아무것도 추가되지 않습니다. 아직 큐가 비어 있지 않군요. 큐가 빌 때까지 while 문이 실행됩니다.

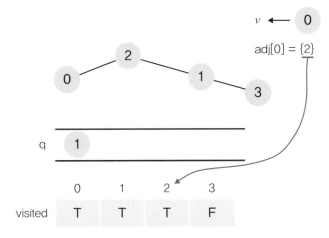

▼ 그림 6-19 BFS 5

마지막까지 실행해 봅시다. 그림 6-20을 보면 큐에서 1을 dequeue하여 방문한 후 adj[1]을 가져옵니다. adj[1]={2, 3}인데 정점 2는 이미 방문한 상태이므로 3만 큐에 추가하고 visited[3]을 True로 바꾸어 줍니다.

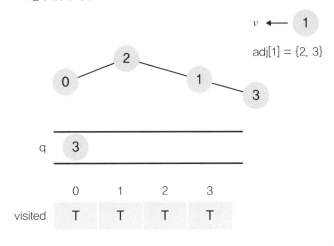

▼ 그림 6-20 BFS 6

그림 6-21을 보면 큐에서 3을 dequeue하고 방문한 후 adj[3]을 가져오면 adj[3]={1}입니다. 정점 1은 이미 방문했습니다. 이제 큐가 비었군요. 그럼 while 문 실행은 종료되고 BFS 실행도 종료됩니다. 모든 정점을 방문했습니다.

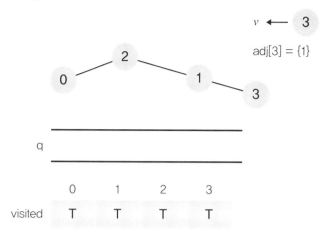

6.3.2 깊이 우선 탐색: 한 방향으로 쭉 따라 여행하기

깊이 우선 탐색(DFS)은 스택을 사용합니다. 그런데 조금 후 코드를 살펴보면 스택은 보이지 않고 재귀 함수를 호출하는 형태로 구현되어 있습니다. 둘 사이의 연관성을 눈치챘나요? 함수 실행 중 다른 함수를 호출하면 스택 프레임이 쌓입니다. 스택 프레임이 바로 스택입니다. 재귀 함수를 호출한다는 것은 스택 프레임을 요소로 스택에 쌓는 것과 같죠. 물론 우리가 구현했던 스택 자료 구조와 반복문을 이용해서 구현할 수도 있습니다. 이 절에서는 먼저 스택 프레임을 이용하여 묵시적으로 스택을 사용하는 경우와 스택 자료 구조를 명시적으로 사용하는 경우를 모두 살펴보겠습니다. 먼저 재귀 함수를 사용해서 구현하는 코드를 보겠습니다.

코드 6-8

```python
def __dfs_recursion(self, v):
    # 방문
    print(v, end="  ")
    # 방문 체크
    self.visited[v] = True

    adj_v = self.adj_list[v]
    for u in adj_v:
        if not self.visited[u]:
            self.__dfs_recursion(u)
```

```
def dfs(self, v):
    self.init_visited()
    self.__dfs_recursion(v)
```

코드 6-8은 dfs를 재귀 함수로 구현한 것입니다. 코드에서 __dfs_recursion()과 dfs()를 보고 혼란스러울 수 있지만 dfs에서 __dfs_recursion을 호출하기 전에 visited 배열을 초기화하고자 dfs를 만든 것뿐입니다. 중요한 메서드는 __dfs_recursion입니다. __dfs_recursion을 보면 매개변수로 v를 받습니다. 그 후 먼저 방문을 하고 visited[v]를 True로 만들지요. 그리고 나서 adj[v]를 구합니다. adj[v]를 순회하며 방문하지 않은 정점을 방문할 때는 그 정점을 인수로 전달하며 __dfs_recursion을 호출합니다.

코드는 간단한데 이해하기가 조금 어렵군요. 그림으로 살펴보겠습니다. 그림 6-22를 보면 BFS와 비교되는 DFS 특징을 알 수 있습니다.

▼ 그림 6-22 DFS 특징

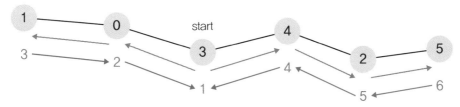

BFS는 시작 정점을 기준으로 인접한 모든 노드를 차례로 방문하며 마치 퍼져 나가듯이 방문했습니다. 하지만 DFS는 이와 다르게 시작 정점에서 한 방향을 정하고 그 분기로 쭉 따라간 후 더 이상 갈 곳이 없어지면 다시 시작 정점으로 돌아와 가보지 않은 방향으로 쭉 따라가는 특성이 있습니다. 그래서 이름도 깊이 우선 탐색입니다. 그림을 보면 시작 정점 3에서 시작하여 정점 0 쪽으로 쭉 따라간 후 정점 1에서 더 이상 갈 곳이 없어지면 다시 시작 정점으로 돌아옵니다. 그다음 다시 정점 4 방향으로 쭉 따라 이동하면서 방문한 후 다시 정점 3으로 돌아와 더 이상 갈 곳이 없어지면 종료되지요. 여기서 중요한 점은 반드시 시작 정점으로 돌아온 후 더 이상 갈 곳이 없어야만 실행이 종료된다는 것입니다.

그림으로 실행 과정을 따라가 보겠습니다.

그림 6-23을 보면 시작 정점이 2입니다. 맨 처음 __dfs_recursion(2)를 호출하겠지요. 그림에서는 간략히 dfs_rec로 표기했습니다. 메서드 내부를 보면 먼저 방문하고 visited[2]를 True로 만듭니다. 그다음으로 adj[2]를 가져오는데 그림을 보면 adj[2]={1, 3}입니다. 이 중 한 방향을 선택하게 되는데, 여기서는 정점 1을 선택했다고 합시다.

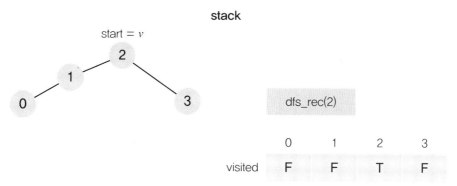

▼ 그림 6-23 DFS 1

그림 6-24를 보면 정점 1을 인수로 __dfs_recursion() 메서드를 호출했습니다. 정점 1을 방문하고 visited[1]=True로 합니다. adj[1]={0, 2}입니다. 정점 2는 이미 방문한 상태이므로 정점 0을 인수로 다시 __dfs_recursion을 호출합니다.

▼ 그림 6-24 DFS 2

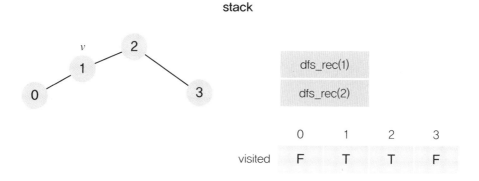

그림 6-25를 보면 현재 정점은 0입니다. 먼저 방문하고 visited[0]=True로 합니다. adj[0]을 구하면 adj[0]={1}입니다. 그런데 정점 1은 이미 방문한 상태입니다. 현재 정점 0에서 더 이상 갈 수 있는 곳이 없습니다. 그렇다면 정점 0으로 오기 전 정점으로 돌아가야 합니다. 정점 0에서 정점 1로 어떻게 돌아갈 수 있을까요? 간단합니다. 현재 스택 프레임의 바로 밑에 매개변수 1을 가진 스택 프레임이 있지요. 그 스택 프레임으로 돌아간다는 것은 현재 정점 0에서 정점 1로 돌아간다는 것입니다. for 문이 끝나는 동안 아직 방문하지 않은 정점을 발견하지 못했다면 __dfs_recursion(0)은 종료됩니다. 함수가 종료되면 스택 프레임도 사라집니다. 그래서 바로 아래의 스택 프레임인 정점 1로 돌아올 수 있는 것입니다.

6

그래프: 관계 있는 데이터 연결하기

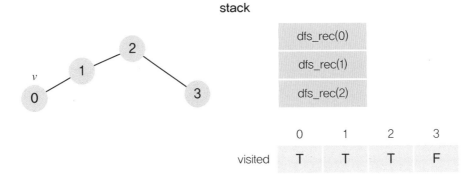

❤ 그림 6-25 DFS 3

그림 6-26은 현재 정점이 1인 스택 프레임으로 돌아온 모습입니다. 이제 블로킹되어 있던 부분부터 다시 함수가 실행됩니다. for 문 도중에 있었지요. 그런데 adj[1]={0, 2} 모두 방문한 상태이므로 for 문이 끝나면서 함수가 종료됩니다. 함수가 종료되면 스택 프레임이 사라지므로 정점 1을 방문하기 이전 정점인 정점 2로 돌아올 수 있지요.

❤ 그림 6-26 DFS 4

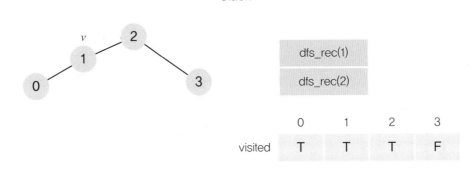

그림 6-27에서는 현재 정점이 다시 시작 정점인 2로 돌아왔습니다. adj[2]={1, 3}에서 정점 1 방향으로 끝까지 따라갔다가 온 셈입니다. 이제 남은 방향으로 쭉 따라가야 합니다. 인수를 정점 3으로 하여 다시 __dfs_recursion 메서드를 호출합니다.

▼ 그림 6-27 DFS 5

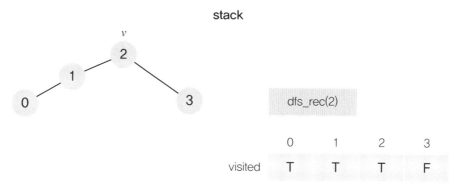

그림 6-28에서 현재 정점은 3입니다. 방문을 하고 visited[3]=True로 만들어 adj[3]={2}를 얻어 옵니다. 그런데 정점 2는 이미 방문한 상태입니다. 그렇다면 for 문이 종료되면서 함수도 종료되어 스택 프레임도 사라지게 되겠지요. 사실 visited를 보면 모든 노드를 방문했다는 것을 알 수 있습니다. 그렇다면 이 시점에서 알고리즘을 끝내도 됩니다만 그렇게 하지 않습니다. 반드시 시작 정점으로 돌아가 시작 정점에서 더 이상 따라갈 정점이 없을 때 알고리즘을 종료합니다.

▼ 그림 6-28 DFS 6

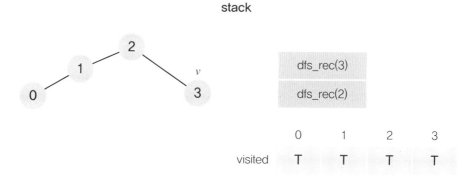

그림 6-29를 보면 현재 정점이 다시 시작 정점으로 돌아왔습니다. 그리고 adj[2]={1, 3}을 보면 시작 정점에 인접한 모든 정점을 방문했다는 것을 알 수 있습니다. 그렇다면 for 문이 종료되면서 함수 실행이 종료되고, 마지막 남은 스택 프레임이 사라지면서 알고리즘이 종료됩니다.

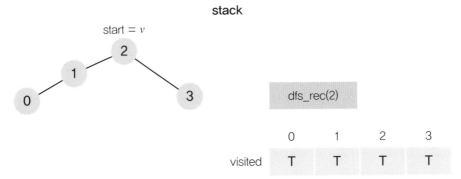

이것으로 스택을 기반으로 한 DFS 작동 원리를 살펴보았습니다. 이 장을 마치기 전에 두 가지를 더 고민해 보려고 합니다. 스택 기반의 DFS를 스택 프레임을 이용한 DFS가 아니라 스택 자료 구조와 반복문을 가지고 구현해 볼 수는 없을까 하는 생각이 드는군요. 결론부터 말하자면 구현할 수 있습니다. 코드를 보도록 하죠.

코드 6-9

```
def iter_dfs(self, v):
    """
    시작 정점으로 돌아가
    더 이상 방문할 정점이 없어야 종료
    """
    s = Stack()
    self.init_visited()

    s.push(v)
    # 방문 체크 및 방문
    self.visited[v] = True
    print(v, end="  ")

    # 아직 방문하지 않은 정점을 방문했는가
    is_visited = False

    while not s.empty():
        is_visited = False
        v = s.peek()
        # 인접 리스트를 받아 옵니다.
        adj_v = self.adj_list[v]
        for u in adj_v:
            if not self.visited[u]:
```

```
            s.push(u)
            # 방문 체크 및 방문
            self.visited[u] = True
            print(u, end="  ")
            # 아직 방문하지 않은 정점을 방문했으므로
            is_visited = True
            break

    if not is_visited:
        s.pop()
```

코드 6-9는 스택 자료 구조와 반복문을 이용해서 dfs를 구현한 것입니다. 몇 가지만 짚고 넘어가 겠습니다. 먼저 while 문 내에서 dfs처럼 큐에서 정점을 바로 가져오지 않고 peek() 메서드로 읽어만 옵니다. 그럼 아직 현재 정점이 스택에 남아 있게 되지요. 이 점이 중요합니다.

그 후 현재 정점 v에 대해 adj[v]를 구해 와 for 문을 돌며 방문하지 않은 정점에 대해 방문과 방문 체크를 합니다. 이때 방문하지 않은 정점을 만나 방문을 한다면 is_visited 변수를 True로 만들어 주죠. 방문하지 않은 정점을 발견하면 현재 정점이 방문하지 않은 정점으로 이동하므로 for 문을 빠져나가 다시 while 문의 처음부터 실행하는 것입니다.

이때 for 문을 빠져나올 때 두 가지 경우가 있겠지요. 먼저 is_visited가 True면 이는 방문하지 않은 정점을 발견하여 이동한 경우입니다. 이때는 스택에 이전 정점 위에 이번에 이동한 정점이 쌓여 있을 것입니다. 이렇게 해야 다음에 모든 정점을 방문한 시점에서 pop()으로 현재 정점을 제거하고 이전 정점으로 이동할 수 있으니까요. is_visited가 False라면 이는 adj[v]의 모든 노드를 방문한 상태라는 것입니다. 이때는 이전 정점으로 이동해야 하므로 스택에서 현재 정점을 pop해야 합니다. 그럼 이전 정점으로 돌아갈 수 있습니다.

두 번째로 그래프가 연결되어 있지 않고 여러 개의 연결 요소로 나뉘어 있다면 어떨까요? 그렇다면 지금의 dfs로는 모든 정점을 방문하지 못하고 시작 정점에 연결된 요소의 정점들만 방문할 것입니다. 이를 해결하는 dfs_all 메서드를 만들어 봅시다.

코드 6-10

```
def dfs_all(self):
    self.init_visited()

    for i in range(len(self.visited)):
        if not self.visited[i]:
            self.__dfs_recursion(i)
```

코드 6-10을 이용하면 연결된 그래프가 아니라고 해도 모든 정점을 순회할 수 있습니다. 예제 코드를 내려받아 ch6/graph_traversal.py 파일을 열고 마지막 테스트 코드에 그림 6-30과 같은 그래프를 만든 후 1을 인수로 dfs로 순회했을 때와 dfs_all로 순회했을 때의 실행 결괏값을 비교해 보세요.

참고로 그림 6-30은 graph_traversal.py 파일 마지막 테스트 코드에 있는 연결 요소가 두 개인 그래프입니다. 이때 dfs(1)로 순회하면 정점 1이 포함된 연결 요소의 정점들만 방문합니다.

▼ 그림 6-30 연결되지 않은 그래프 순회

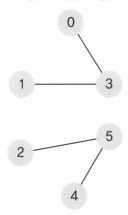

dfs를 실행하면 다음 결과가 출력됩니다.

```
 1  3  0
```

하지만 dfs_all을 실행하면 그래프의 모든 정점을 순회할 수 있습니다. 요약하자면 dfs는 연결된 그래프만 순회할 수 있고 dfs_all은 연결되지 않은 그래프도 모두 순회할 수 있습니다. 그러므로 그래프를 순회할 때 해당 그래프가 연결되지 않은 그래프일 가능성이 있다면 dfs_all을 호출해야 합니다.

```
 0  3  1  2  5  4
```

이 장에서는 그래프의 용어 정리와 표현, 두 가지 순회 방법인 DFS와 BFS를 자세히 알아보았습니다. 다음 장에서는 그래프 일종인 트리의 순회를 알아보겠습니다.

7^장

트리:
정말 쓸 데가 많은
자료 구조

7.1 트리 용어 정리

7.2 이진 트리의 순회: 모든 노드 방문하기

트리는 사이클이 없는 연결된 그래프(acyclic connected graph)입니다. 흔히 알고 있는 트리는 이 정의에서 기술하고 있는 트리와 많이 다른데, 이는 루트(root)가 있느냐 없느냐에 달려 있습니다. 보통 자료 구조에서 다루는 트리는 루트가 있지요. 이후에 배울 다양한 그래프 알고리즘에서 MST를 다룰 텐데 이 트리에는 루트가 없습니다. 모든 자료 구조가 중요하지만, 좀 더 집중해서 공부해야 할 자료 구조가 트리입니다. 이진 트리의 일종인 이진 탐색 트리와 그 변형인 균형 이진 트리는 많은 언어에서 내부 구현으로 활용되고 있으며, B 트리는 데이터베이스를 구축하는 큰 틀입니다. 7~10장은 이어지는 하나의 큰 주제를 다룹니다. 데이터베이스를 이미 다루고 있거나 앞으로 데이터베이스를 공부한다면 이 내용이 정말 도움이 많이 될 것입니다(웹 개발을 비롯하여 모든 분야에서 데이터베이스가 필요하지 않은 분야는 없습니다).

7.1 / 트리 용어 정리

트리는 그래프 일종이므로 그래프에서 사용하는 용어를 대부분 적용할 수 있습니다. 다만 그래프에서 정점이라고 하는 것을 트리에서는 노드라고 합니다. 노드는 연결 리스트에서 이미 보았습니다. 이 둘 차이는 없습니다. 그래프 정점을 노드라고도 합니다. 다만 많은 교재에서 그래프는 정점이라고 하고 트리에서는 노드라고 하니 필자도 이것을 따르겠습니다.

그림 7-1에서 트리를 하나 보고 나서 용어를 정리해 볼까요?

▼ 그림 7-1 트리

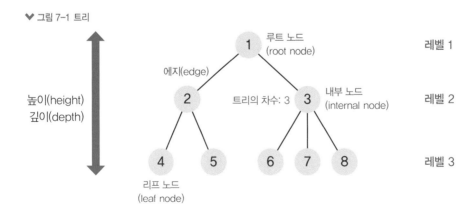

트리에는 부모, 자식, 조상, 자손의 개념이 있습니다. 그림 7-1에서 root는 노드 1입니다. 노드 2와 노드 3은 노드 1의 **자식**(child)입니다. 노드 1은 노드 2와 노드 3의 **부모**(parent)입니다. 노드 1은 노드 4, 노드 5, 노드 6, 노드 7, 노드 8의 **조상**(ancestor)입니다. 노드 4, 노드 5, 노드 6, 노드 7, 노드 8은 노드 1의 **자손**(descendant)입니다.

차수

그래프 용어에서 차수(degree)를 배운 적이 있습니다. 트리에도 차수 개념이 있는데, 트리에서는 좀 더 특정 지어서 **차수**란 '어떤 노드의 자식 노드 개수'를 의미합니다. 트리의 차수(degree of a tree)는 트리에 있는 노드의 최대 차수를 의미합니다.

리프 노드(leaf node)는 차수가 0인 노드를 의미합니다. 즉, 자식이 없다는 것이지요. 그림 7-1에서 노드 4, 노드 5, 노드 6, 노드 7, 노드 8은 모두 리프 노드입니다. 내부 노드는 루트 노드와 리프 노드를 제외한 노드를 의미합니다. 레드 블랙 트리에서는 외부 노드(external node)라는 개념을 따로 두어 그에 대응되는 개념으로도 사용합니다. 이는 레드 블랙 트리를 배울 때 다시 한 번 언급하겠습니다.

레벨

레벨(level)은 루트의 레벨을 레벨 1로 하고 자식으로 내려가면서 하나씩 더해지는 개념입니다. 즉, 깊이와 연관이 있습니다. 어떤 트리의 깊이(depth) 혹은 높이(height)는 트리가 가지는 최대 레벨을 의미합니다. 자료 구조 책을 보면 어떤 것은 루트의 레벨을 0으로 하기도 합니다. 이는 크게 신경 쓰지 않아도 됩니다. 다만 레벨을 1로 하면 이후에 나올 계산 과정이 조금은 편해지는 점이 있어 이 책에서는 루트 레벨을 1로 정했습니다.

루트를 가진 트리 말고 일반적인 정의의 트리(즉, 사이클이 없는 연결된 그래프)에서 노드와 에지 사이에는 아주 중요한 수식이 있습니다. 노드 개수를 n이라고 하고 에지 개수를 e라고 했을 때 다음 식이 성립하는데요.

$$e = n-1$$

이는 트리를 그린 후 그 수를 세어 보면 알 수 있습니다. 이 식이 중요한 이유는 이 트리에 에지가 하나라도 추가되면, 즉 $e > n-1$이 되는 순간 이 트리에는 사이클이 생겨서 더 이상 트리가 아니게 되기 때문입니다. 이 수식은 크루스칼 알고리즘에서 아주 중요한 역할을 합니다. 그래프 알고리즘을 다루는 장에서 다시 한 번 살펴보겠습니다.

이진 트리

트리 중에는 우리가 앞으로 두 장에 걸쳐서 다루게 될 아주 중요한 트리가 있는데, 이것을 알아보겠습니다. 바로 이진 트리(binary tree)입니다. 이진 트리란 트리를 구성하는 노드의 자식이 최대 두 개인 트리를 의미합니다. 그럼 모든 노드를 아예 자식이 없는 경우, 자식을 하나 가진 경우, 자식을 둘 가진 경우로 나눌 수 있겠지요. 자식이 둘이므로 왼쪽 자식과 오른쪽 자식으로 구분합니다.

이진 트리가 가지는 몇 가지 재미있는 수식을 알아볼까요?

다음 그림은 이진 트리의 예입니다.

▼ 그림 7-2 이진 트리

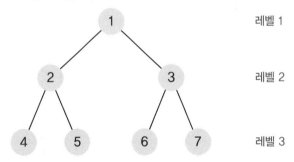

레벨 3에서 최대 노드 개수는 몇 개일까요? 최대 노드 개수이므로 루트 노드 1도 두 자식을 가지고 레벨 2의 두 자식도 모든 자식을 가질 때, 레벨 3에서 노드 개수를 말하는 것입니다. 그림으로 확인해 보면 네 개입니다. 이를 일반화하면 어떤 레벨 l에서 최대 노드 개수는 다음과 같습니다.

$$2^{l-1}$$

레벨 4를 이 식에 대입해 보면 2^3이므로 여덟 개가 됩니다.

그림 7-2에서 트리의 최대 노드 개수는 어떻게 될까요? 레벨이 3일 때고 모든 레벨에 가능한 모든 노드가 존재합니다. 직접 세어 보면 노드가 일곱 개 있군요. 이를 일반화하면 트리 높이가 h일 때 이진 트리에서 가능한 최대 노드 개수는 다음과 같습니다.

$$2^h - 1$$

레벨이 4라면 15개가 되겠군요. 그렇다면 트리 높이가 h일 때 트리의 최소 노드 개수는 어떻게 구할 수 있을까요? 그림을 봅시다.

▼ 그림 7-3 트리의 최소 노드 개수

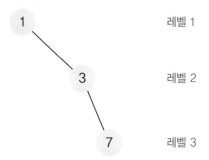

레벨 1

레벨 2

레벨 3

그림 7-3은 트리 높이가 3일 때 최소 노드 개수를 보여 줍니다. 3이지요. 이를 일반화하면 트리 높이가 h일 때 트리의 최소 노드 개수는 h입니다.

이진 트리의 종류를 알아보겠습니다.

포화 이진 트리(full binary tree)란 높이가 h일 때 노드 개수가 2^h-1인 트리입니다. 모든 레벨에 가능한 모든 노드가 있지요. 그림 7-2가 포화 이진 트리입니다. 완전 이진 트리(complete binary tree)란 높이가 h일 때 레벨 h-1까지 노드 개수는 $2^{h-1}-1$이고 레벨 h에서는 노드가 왼쪽에서 오른쪽으로 채워지는 트리입니다.

그림 7-4를 보면 높이가 3일 때 레벨 2까지는 모든 가능한 노드가 있고 레벨 3에서는 노드가 왼쪽에서 오른쪽으로 채워져 있는 것을 알 수 있습니다. 이 트리가 계속 완전 이진 트리가 되려면 다음에 추가될 노드는 반드시 3의 왼쪽 자식이어야 합니다.

▼ 그림 7-4 완전 이진 트리

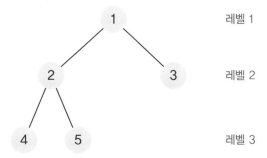

레벨 1

레벨 2

레벨 3

편향 이진 트리(skewed binary tree)는 왼쪽이나 오른쪽 서브 트리만 가진 트리를 의미합니다. 그림 7-3이 편향 이진 트리입니다.

7.2 이진 트리의 순회: 모든 노드 방문하기

트리도 비선형 자료 구조이므로 순회가 그리 녹록지 않습니다. 트리는 그래프 일종이지요. 그러므로 DFS와 BFS를 이용할 수 있습니다. DFS는 스택을 이용하고, BFS는 큐를 이용합니다. 트리에서는 DFS 일종으로 전위 순회, 중위 순회, 후위 순회가 있습니다. 전위, 중위, 후위로 나누는 것은 방문 순서 때문입니다. 이후 절에서 자세히 알아보도록 하죠. BFS 일종으로는 레벨 순서 순회가 있습니다. 이 절에서는 트리의 순회를 구현해 보겠습니다.

7.2.1 전위 순회

전위 순회(preorder traversal)의 방문 순서는 현재 노드->왼쪽 서브 트리->오른쪽 서브 트리입니다. 그림 7-5는 전위 순회에서 방문 순서를 나타냅니다.

▼ 그림 7-5 전위 순회

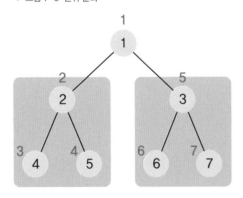

먼저 루트 노드인 노드 1을 방문하고 그다음 왼쪽 자식을 방문합니다. 그런데 이때 주목해야 할 점은 왼쪽 자식도 자신을 루트로 한 이진 트리라는 것입니다. 그래프에서 이미 서브 그래프(subgraph)를 배웠지요. 이렇게 어떤 노드의 자식이 이루는 트리를 서브 트리(subtree)라고 합니다. 왼쪽 자식을 방문했다는 것은 왼쪽 자식이 루트로 있는 서브 트리의 노드를 모두 방문하는 것입니다. 즉, 루트 노드가 2인 트리의 전위 순회가 됩니다. 느낌이 오나요? 방문을 재귀적으로 수행하는군요. 왼쪽 서브 트리를 모두 방문한 후 마지막으로 오른쪽 자식을 방문합니다. 즉, 오른쪽 서브 트리를 방문합니다. 이렇게 재귀적으로 방문하면 그림 7-5의 이진 트리의 방문 순서는 1-2-4-5-3-6-7이 됩니다. 재귀적인 구조를 가지므로 재귀 함수로 구현할 수 있습니다.

또 전위 순회는 DFS 일종입니다. 즉, 스택 계열의 함수이므로 재귀 함수로 구현하거나 스택 자료 구조와 반복문을 이용해서 구현할 수 있습니다. 먼저 트리 노드를 구현하겠습니다. 트리 노드는 참조를 총 두 개 가지고 있습니다. 왼쪽 자식 노드와 오른쪽 자식 노드를 가리키는 참조이지요.[1]

코드 7-1

```python
class TreeNode:
    def __init__(self, data=None):
        self.__data = data
        self.__left = None
        self.__right = None

    def __del__(self):
        print('data {} is deleted'.format(self.__data))

    @property
    def data(self):
        return self.__data

    @data.setter
    def data(self, data):
        self.__data = data

    @property
    def left(self):
        return self.__left

    @left.setter
    def left(self, left):
        self.__left = left

    @property
    def right(self):
        return self.__right

    @right.setter
    def right(self, right):
        self.__right = right
```

---

1 7장 전체 코드는 binary_tree.py 파일에 있습니다.

코드 7-1에서 TreeNode 클래스의 생성자를 보면 실제 데이터를 담을 __data와 왼쪽 자식 노드를 참조할 __left, 오른쪽 자식을 가리킬 __right가 있는 것을 확인할 수 있습니다. 다음으로 이전에 구현했던 스택 클래스를 가져오겠습니다. 같은 폴더 안에 stack.py를 두고 모듈로 import해도 되고, 클래스를 복사해서 지금 작성 중인 파일에 붙여도 됩니다. 예제 코드에서는 스택 클래스를 복사해서 파일에 붙여 넣었습니다.

코드 7-2는 전위 순회를 구현한 것입니다.

코드 7-2

```python
def preorder(cur):
    # 현재 노드가 empty node라면
    if not cur:
        return

    # 방문
    print(cur.data, end=' ')

    preorder(cur.left)  # 왼쪽 서브 트리로 이동

    preorder(cur.right) # 오른쪽 서브 트리로 이동
```

이번에도 방문은 노드의 데이터를 출력하는 것으로 대신합니다. 방문 순서를 보면 먼저 현재 노드를 방문하고 왼쪽 서브 트리에 대해 다시 preorder를 호출함으로써 왼쪽 서브 트리의 모든 노드를 방문합니다. 이후 오른쪽 서브 트리에 대해 preorder를 호출해서 오른쪽 서브 트리를 모두 순회하면 되지요.

잘 작동하는지 살펴보고자 테스트 코드를 작성해 보겠습니다. 먼저 트리를 하나 만들도록 하죠. 그림 7-5의 트리를 만들고 전위 순회를 통해 순회하도록 하겠습니다. 실행 결과로 1-2-4-5-3-6-7이 나오는지 확인해 봅시다.

코드 7-3

```python
if __name__ == "__main__":
    n1 = TreeNode(1)
    n2 = TreeNode(2)
    n3 = TreeNode(3)
    n4 = TreeNode(4)
    n5 = TreeNode(5)
    n6 = TreeNode(6)
```

```
n7 = TreeNode(7)

n1.left = n2; n1.right = n3
n2.left = n4; n2.right = n5
n3.left = n6; n3.right = n7

preorder(n1)
print()
```

코드 7-3에서 노드를 일곱 개 만들어 그림 7-5의 노드를 만들었습니다. 그 후 루트 노드인 n1을 전달해서 preorder를 호출합니다.

 1 2 4 5 3 6 7

예상했던 대로 잘 순회하는군요. 이번에는 스택 자료 구조와 반복문을 이용해서 구현해 보겠습니다. 코드 7-4는 전위 순회를 스택과 반복문으로 구현한 것입니다.

코드 7-4

```
def iter_preorder(cur):
    s = Stack()
    while True:
        while cur:
            print(cur.data, end=' ') ┄┄┄┄ 방문
            s.push(cur)
            cur = cur.left ┄┄┄┄ 현재 노드의 왼쪽 방향으로 쭉 내려갑니다.

        cur = s.pop() ┄┄┄┄ pop으로 가져온 노드가
        if not cur:            1. None이라면 스택이 비어 있는 경우, 즉 모든 노드를 순회한 경우
            break              2. 왼쪽 서브 트리가 없거나
                               3. 왼쪽 서브 트리를 방문한 상태입니다.

        cur = cur.right ┄┄┄┄ 왼쪽 서브 트리를 방문했으므로 오른쪽 서브 트리를 순회합니다.
```

코드 7-4는 재귀 함수로 구현한 코드보다 가독성이 좋지 않군요. 하지만 스택 프레임을 하나만 사용하므로 성능은 재귀 함수에 비해 좋을 것입니다. 스택 자료 구조를 하나 만든 후 현재 노드에서 시작해서 먼저 방문을 하고 왼쪽 자식 노드가 있다면 쭉 따라 내려갑니다. 왼쪽 자식 노드가 없거나 왼쪽 자식의 모든 노드를 순회했다면 pop을 이용하여 이전 노드로 돌아와 오른쪽 자식 노드를 순회합니다.

7.2.2 중위 순회

중위 순회(inorder traversal)도 스택 계열의 순회로 재귀 함수를 이용해서 구현하면 편리합니다. 방문 순서는 왼쪽 서브 트리->현재 노드->오른쪽 서브 트리입니다.

다음 그림에서 중위 순회의 방문 순서를 알아봅시다.

▼ 그림 7-6 중위 순회

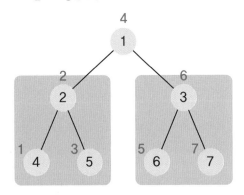

그림 7-6의 트리에서 방문 순서는 4-2-5-1-6-3-7입니다. 중위 순회를 구현해 볼까요?

코드 7-5

```
def inorder(cur):
    # 현재 노드가 empty node라면
    if not cur:
        return

    # 왼쪽 서브 트리로 이동
    inorder(cur.left)
    # 방문
    print(cur.data, end=' ')
    # 오른쪽 서브 트리로 이동
    inorder(cur.right)
```

코드 7-5는 중위 순회를 구현한 것입니다. 전위 순회와 비교해서 방문 순서만 다릅니다. 실행하면 다음 결과가 출력됩니다.

```
 4 2 5 1 6 3 7
```

잘 작동하는 것을 알 수 있습니다.

스택 자료 구조와 반복문을 이용한 구현도 전위 순회와 방문 순서만 다를 뿐 나머지 코드는 같습니다.

코드 7-6

```
def iter_inorder(cur):
    s = Stack()
    while True:
        while cur:
            s.push(cur)
            cur = cur.left
        cur = s.pop()
        if not cur:
            break
        # pop한 후에 방문을 합니다.
        print(cur.data, end=' ')
        cur = cur.right
```

코드 7-6은 반복문으로 중위 순회를 구현한 것입니다. 전위 순회와 다른 점은 방문 순서입니다. 중위 순회에서는 pop을 한 후 방문을 합니다.

7.2.3 후위 순회

후위 순회(postorder traversal)의 방문 순서는 왼쪽 서브 트리->오른쪽 서브 트리->현재 노드입니다. 그림 7-7에서 후위 순회의 방문 순서를 알아봅시다.

▼ 그림 7-7 후위 순회

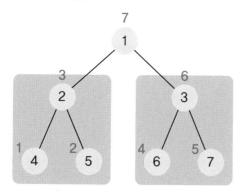

방문 순서는 4-5-2-6-7-3-1입니다. 코드도 바로 확인해 볼까요?

코드 7-7

```python
def postorder(cur):
    if not cur:
        return

    postorder(cur.left)
    postorder(cur.right)
    print(cur.data, end=' ')
```

코드 7-7은 후위 순회를 구현한 것입니다. 앞서 보았던 전위 순회, 중위 순회와 비슷합니다. 다만 재귀 함수를 호출하고 현재 노드를 방문하는 순서만 다르지요. 후위 순회에서는 먼저 왼쪽 자식 노드를 순회하고(재귀 함수 호출) 오른쪽 자식 노드를 순회한 후(재귀 함수 호출) 현재 노드를 방문합니다. 실행 결과만 확인해 보죠.

```
 4  5  2  6  7  3  1
```

잘 작동하는 것을 알 수 있습니다.

7.2.4 레벨 순서 순회

레벨 순서 순회(levelorder traversal)는 큐를 사용하는 순회 방법입니다. BFS 일종입니다.

그림으로 살펴볼까요? 그림 7-8은 레벨 순서 순회를 보여 줍니다.

▼ 그림 7-8 레벨 순서 순회

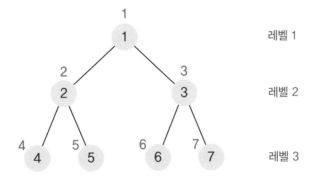

레벨을 하나씩 내려가면서 해당 레벨에 있는 모든 노드를 순회합니다. 방문 순서는 1-2-3-4-5-6-7입니다. 큐를 이용하여 구현해 봅시다. 먼저 파이썬이 제공하는 queue 모듈에서 Queue 클래스를 임포트합니다. 그 후 다음과 같이 코드를 작성합니다.

코드 7-8

```python
def levelorder(cur):
    q = Queue()

    q.put(cur)
    while not q.empty():
        cur = q.get()
        # 방문
        print(cur.data, end=' ')
        # 현재 노드의 왼쪽 자식이 있다면
        # 큐에 추가
        if cur.left:
            q.put(cur.left)
        # 현재 노드의 오른쪽 자식이 있다면
        # 큐에 추가
        if cur.right:
            q.put(cur.right)
```

코드 7-8을 보면 코드가 BFS와 매우 유사하다는 것을 알 수 있습니다. BFS 일종이므로 당연한 것이지요. 부모부터 방문하고 다음 레벨로 이동하므로 방문을 확인할 수 있는 배열은 필요하지 않습니다. 트리의 차수가 2이므로 adj[cur]={cur.left, cur.right}겠지요. 먼저 왼쪽 자식이 있는지 확인하고 있다면 큐에 삽입합니다. 다음 오른쪽 자식이 있는지 확인하고 있다면 큐에 삽입합니다. 이렇게 큐가 빌 때까지 반복하면 레벨이 깊어지면서 모든 노드를 방문하게 됩니다.

이 장에서는 일반적인 트리의 특징과 트리에서 순회를 자세히 알아보았습니다. 다음 장부터 트리의 다양한 예를 살펴볼 것입니다. 먼저 자료 구조에서 아주 중요한 위치를 차지하고 있는 이진 탐색 트리를 알아보겠습니다.

8^장

다양한 트리 1:
이진 탐색 트리

8.1 이진 탐색 알고리즘

8.2 딕셔너리의 내부 구현

8.3 이진 탐색 트리

8.4 이진 탐색 트리의 구현

8.5 이진 탐색 트리의 단점

이진 탐색 트리(binary search tree)는 BST라는 이름으로 더 잘 알려져 있는데, 그만큼 중요한 자료 구조입니다. 많은 언어에서 지원하는 집합과 딕셔너리가 내부적으로는 이진 탐색 변형인 균형 이진 탐색 트리를 사용합니다. 또 다른 변종인 B 트리는 데이터베이스에서 매우 중요한 역할을 합니다. 이런 응용 분야를 알려면 먼저 기본이 되는 이진 탐색 트리부터 잘 이해해야겠지요. 이전 장들에 비해 이 장부터는 난이도가 부쩍 올랐다고 느낄지도 모르겠습니다. 실제로도 BST는 자료 구조를 공부할 때 봉착하는 난관과 같습니다만, 천천히 고민하고 들여다보면 충분히 이해할 수 있습니다. 그럼 시작해 볼까요?

8.1 이진 탐색 알고리즘

이진 탐색 알고리즘(binary search algorithm)은 정렬된 데이터로 된 리스트(배열이나 연결 리스트)가 인수로 들어왔을 때 요소 중에 찾고자 하는 데이터가 있는지 알아보는 알고리즘입니다. 여기서 중요한 점은 인수로 전달된 리스트 요소들이 정렬되어 있다는 것입니다. 코드를 보고 작동 과정을 조금 생각해 봅시다.

코드 8-1 binary_search.py

```python
def binary_search(li, target):
    """
    인자로 전달된 리스트 요소는 정렬되어 있습니다.
    """
    start = 0
    end = len(li) - 1

    while start <= end:
        middle = (start+end) // 2
        if li[middle] == target:
            return middle
        elif li[middle] > target:
            end = middle - 1
        else:
```

```
                    start = middle + 1

        return None
```

이 코드를 실행하면 다음 결과가 출력됩니다.

```
 index : 2, data : 9
```

코드 8-1에서 이진 탐색 알고리즘을 수행하는 binary_search 함수는 정렬된 리스트와 찾고자 하는 데이터를 전달받고, 데이터를 찾으면 데이터가 있는 리스트의 인덱스를 반환하고 아니면 None을 반환합니다. for 문으로 일일이 모든 요소를 순회하며 데이터를 찾는다면 최악의 경우 O(n)이 걸릴 것입니다. 하지만 이진 탐색은 O(log n)의 시간이 걸립니다. 그림으로 살펴보겠습니다.

▼ 그림 8-1 이진 탐색

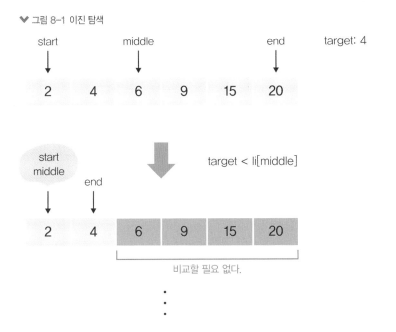

그림 8-1은 이진 탐색에서 첫 번째 반복문을 나타냅니다. middle=(start+end)//2이므로 2입니다. 이제 li[middle] 값과 target을 비교합니다. target이 더 작군요. 요소들이 정렬된 상태라는 전제 조건이 있기 때문에 middle 이후의 요소들이 4일 확률은 없지요. 그럼 이 부분은 비교할 필요가 없습니다. 그럼 end를 middle-1로 만듭니다. 이렇게 반복문이 실행되면서 start와 end가 교차하기 전에 target 값이 있다면 찾을 것입니다. 그럼 리스트 크기가 n일 때 빅오는 어떻게 될까요? middle은 start와 end를 더해 반으로 나눕니다. 리스트 중간쯤 위치하겠죠. 이때 비교를 한 번 하

게 되고 target이 이 인덱스 값보다 크든 작든 이후에 비교해야 할 대상이 절반으로 줄어듭니다. 그렇다면 비교 대상이 절반씩 몇 번 줄어들어야 마지막 원소 하나만 남게 될까요? 이것을 바꾸어서 이야기하면 리스트 크기 n을 2로 몇 번 나누어야 1이 되느냐입니다. 이는 로그를 이용하면 됩니다.

$$\log_2 n = \text{num of division}$$

이 알고리즘의 빅오는 $O(\log n)$이 되지요. 여기에 조금 더 상상을 더해 봅시다. 이진 트리도 특별한 형태의 연결 리스트입니다. 부모는 두 자식의 참조를 가지고 있고 자식은 부모의 참조를 가지고 있습니다. 부모 노드만 쉽게 특정할 수 있다면, 새로운 노드를 삽입하거나 삭제하는 것은 부모 노드를 특정하는 알고리즘을 제외하고 $O(1)$이 됩니다. 여기에 트리가 어떤 기준에 따라 정렬되어 있다면 부모 노드를 찾는 것도 이진 탐색을 적용해서 $O(\log n)$이 가능할 것 같습니다. 탐색이야 단순히 한 노드를 특정하는 것이니 당연히 $O(\log n)$입니다. 데이터의 삽입과 삭제, 탐색 모두 $O(\log n)$이 가능하다니 아주 멋진 발상입니다. 검색은 빠르지만 삽입과 삭제가 느린 동적 배열과 삽입과 삭제가 빠르지만 검색이 느린 연결 리스트의 단점을 완전히 보완할 수 있겠군요. 바로 이 트리가 이진 탐색 트리입니다.

이진 탐색 트리는 데이터의 삽입, 삭제, 탐색 외에도 여러 강력한 연산을 제공합니다. 또 딕셔너리 (dictionary)를 구현하는 대표적인 자료 구조입니다. 딕셔너리라는 이름은 파이썬을 공부한 사람이라면 익숙한 용어이지요. 다음 절에서는 딕셔너리를 간단히 살펴보겠습니다.

8.2 딕셔너리의 내부 구현

딕셔너리는 〈key, item〉 쌍으로 된 집합을 의미합니다. 파이썬의 딕셔너리도 딕셔너리입니다. 딕셔너리는 내부적으로 두 가지 자료 구조로 구현할 수 있습니다. 첫 번째가 지금 공부하고 있는 BST이며 다른 하나는 해시 테이블입니다. C++의 map은 BST의 변형인 균형 이진 트리, 그중에서도 레드 블랙 트리를 이용해서 구현했습니다. 자바에서는 HashMap과 TreeMap을 모두 두어 유저 프로그래머가 내부 구현을 선택할 수 있도록 했습니다. 자바도 레드 블랙 트리를 사용했습니다. 이제 본격적으로 이진 탐색 트리를 알아보고 구현해 보겠습니다.

8.3 이진 탐색 트리

동적 배열부터 스택까지 모두 데이터를 직접 저장했습니다. 하지만 이진 탐색 트리는 노드에 데이터를 직접 저장하지 않습니다. 데이터에 대한 참조만 저장합니다. 중요한 것은 데이터가 아니라 이 데이터의 참조를 저장하고 있는 노드를 나타내는 키입니다. 키만 빠르게 검색할 수 있다면 데이터는 참조를 이용해서 바로 접근할 수 있을 것입니다.[1]

코드 8-2

```python
class TreeNode:
    def __init__(self, key):
        self.__key = key
        self.__left = None
        self.__right = None
        self.__parent = None

    def __del__(self):
        print('key {} is deleted'.format(self.__key))

    @property
    def key(self):
        return self.__key

    @key.setter
    def key(self, key):
        self.__key = key

    @property
    def left(self):
        return self.__left

    @left.setter
    def left(self, left):
        self.__left = left

    @property
    def right(self):
```

---

1 코드 8-2~코드 8-10은 BST.py 파일에 있습니다.

```
        return self.__right

    @right.setter
    def right(self, right):
        self.__right = right

    @property
    def parent(self):
        return self.__parent

    @parent.setter
    def parent(self, p):
        self.__parent = p
```

코드 8-2에서 TreeNode 생성자를 보면, key와 왼쪽·오른쪽 자식 노드, 그리고 부모를 가리키는 참조만 있습니다. 목적이 이진 탐색 트리의 작동을 살펴보고 구현해 보는 것이기 때문에 일부러 데이터의 참조는 구현하지 않았습니다. 필요하다면 data 멤버를 만들면 그만입니다.

이진 탐색 트리의 정의는 다음과 같습니다.

1. 모든 키는 유일합니다.

2. 어떤 노드를 특정했을 때 이 노드의 키 값은 왼쪽 서브 트리의 그 어떤 키보다 큽니다.

3. 어떤 노드를 특정했을 때 이 노드의 키 값은 오른쪽 서브 트리의 그 어떤 키 값보다 작습니다.

4. (재귀적 정의)노드의 서브 트리도 이진 탐색 트리입니다.

그림으로 살펴보겠습니다. 그림 8-2를 보면 노드 6의 왼쪽 서브 트리의 모든 키 값은 6보다 작고, 노드 6의 오른쪽 서브 트리의 모든 키 값은 6보다 큽니다.

▼ 그림 8-2 BST 1

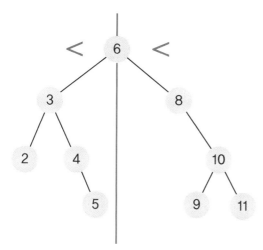

그림을 하나 더 보겠습니다.

▼ 그림 8-3 BST 2

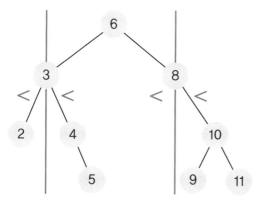

그림 8-3을 보면 노드를 3으로 특정했을 때 키 3은 노드 3의 왼쪽 서브 트리의 모든 키보다 크고, 오른쪽 서브 트리의 모든 키보다 작다는 것을 알 수 있습니다. 이는 노드 8을 특정해서 살펴보아도 마찬가지입니다. 어디서 많이 본 특징 아닌가요? 그렇습니다. 바로 이진 검색 알고리즘의 특징이지요. 키 6을 기준으로 앞의 요소들은 모두 6보다 작고 뒤의 요소들은 6보다 크니까요.

이진 탐색 트리의 ADT를 기술해 보겠습니다.

BinarySearchTree

— Object

　: 유일한 키 값을 가진 노드 집합

— Operation

　1. BST.insert(key)

　　: 새로운 키 삽입

　2. BST.search(target) −⟩ node

　　: target을 키로 가지는 노드를 찾아 반환

　3. BST.delete(target)

　　: target을 키로 가지는 노드를 삭제

　4. BST.min(node) −⟩ node

　　: 매개변수 node를 루트로 하는 이진 탐색 트리에서 가장 작은 key를 가진 노드를 반환

　5. BST.max(node) −⟩ node

　　: 매개변수 node를 루트로 하는 이진 탐색 트리에서 가장 큰 key를 가진 노드를 반환

　6. BST.prev(cur) −⟩ node

　　: 정렬된 상태에서 cur 노드의 바로 이전 노드를 찾아 반환

　7. BST.next(cur) −⟩ node

　　: 정렬된 상태에서 cur 노드의 바로 다음 노드를 찾아 반환

이제 ADT가 있으니 구현해 보죠.

8.4 이진 탐색 트리의 구현

먼저 몇 가지 필요한 편의 함수와 전위·중위 순회 메서드를 만들어 둡시다.

```python
class BST:
    def __init__(self):
        self.root = None

    def get_root(self):
        return self.root

    def preorder_traverse(self, cur, func):
        if not cur:
            return

        func(cur)
        self.preorder_traverse(cur.left, func)
        self.preorder_traverse(cur.right, func)

    # key가 정렬된 상태로 출력
    def inorder_traverse(self, cur, func):
        if not cur:
            return

        self.inorder_traverse(cur.left, func)
        func(cur)
        self.inorder_traverse(cur.right, func)

    # 편의 함수
    # cur의 왼쪽 자식을 left로 만듭니다.
    def __make_left(self, cur, left):
        cur.left = left
        if left:
            left.parent = cur

    # 편의 함수
    # cur의 오른쪽 자식을 right로 만듭니다.
    def __make_right(self, cur, right):
        cur.right = right
        if right:
            right.parent = cur
```

코드 8-3은 본격적으로 삽입, 삭제, 탐색 함수를 구현하기 전에 필요한 메서드를 준비해 두는 것입니다. __make_left와 __make_right 메서드만 살펴보겠습니다. 이 두 메서드는 cur 노드의 왼쪽 자식을 left로 만들거나 오른쪽 자식을 right로 만듭니다. TreeNode의 멤버에 parent가 있기 때문에 부모 노드의 참조에 자식 노드를 연결할 때는 반드시 자식 노드의 parent 참조도 부모를 가리켜야 합니다. 이를 매번 코드로 치는 것보다는 함수로 기능을 만들어 두고 다른 메서드 내에서 불러 쓰는 것이 가독성을 높이는 길입니다.

insert 메서드는 새로운 키를 삽입합니다. 이때 새로운 노드는 반드시 리프 노드가 되도록 합니다. 먼저 코드를 보고 그림으로 간단한 예를 살펴보겠습니다.

코드 8-4

```python
def insert(self, key):
    new_node = TreeNode(key)

    cur = self.root
    if not cur:
        self.root = new_node
        return

    while True:
        parent = cur
        if key < cur.key:
            cur = cur.left
            if not cur:
                self.__make_left(parent, new_node)
                return
        else:
            cur = cur.right
            if not cur:
                self.__make_right(parent, new_node)
                return
```

그림 8-4를 보며 코드를 따라가 보겠습니다.

♥ 그림 8-4 insert

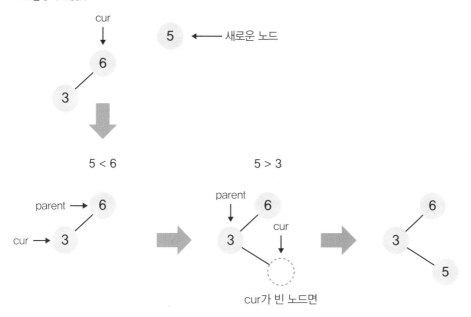

cur가 빈 노드면

먼저 cur가 루트인 6을 가리키고 있습니다. 삽입해야 할 키 값은 5입니다. 이제 5와 cur의 키 값을 비교합니다. 5가 6보다 작으므로 이 노드 5는 노드 6의 왼쪽 서브 트리에 있어야 합니다. 그러므로 cur를 노드 6의 왼쪽 자식으로 내립니다. 이때 노드 6을 parent로 가리켜 둡니다. 다음으로 5를 cur의 키와 비교합니다. 5는 3보다 크니 노드 5는 노드 3의 오른쪽 서브 트리에 있어야 합니다. 그러므로 cur를 노드 3의 오른쪽 자식 노드로 내리고 parent는 노드 3으로 내려옵니다. 이때 cur는 빈 노드를 의미하는 None을 가리키게 됩니다. 이 자리에 노드 5를 넣으면 됩니다. 그런데 cur가 None이므로 cur를 이용해서 노드 5를 넣을 수는 없습니다. 이때 쓰는 참조가 parent입니다. parent는 cur의 부모이므로 parent의 오른쪽 자식 노드를 가리키는 참조로 노드 5를 가리키면 됩니다.

이번에는 search를 살펴볼까요? search는 insert를 이해했다면 쉽게 이해할 수 있습니다. 코드만 간단하게 살펴보고 넘어가겠습니다.

코드 8-5

```python
def search(self, target):
    cur = self.root
    while cur:
        if cur.key == target:
            return cur
        elif cur.key > target:
```

```
                cur = cur.left
            elif cur.key < target:
                cur = cur.right
        return cur
```

코드 8-5는 search 메서드입니다. target이 있다면 cur를 루트부터 아래로 쭉 훑으면서 비교하여 target을 찾습니다. 이때 cur의 키와 target을 한 번 비교해서 자식으로 내려갈 때마다 다른 쪽 서브 트리의 모든 노드는 비교할 필요가 없어집니다. 이진 탐색과 같은 알고리즘입니다.

삽입, 탐색과 달리 BST의 삭제는 조금 어렵습니다. 삭제하려는 노드가 리프 노드인지, 자식이 하나만 있는 노드인지, 자식이 둘인지 나누어서 삭제해야 하기 때문입니다. 먼저 코드를 보겠습니다.

코드 8-6

```
    def __delete_recursion(self, cur, target):
        if not cur:
            return None
        elif target < cur.key: ······ 삭제하려는 노드가 현재 노드보다 작을 때
            new_left = self.__delete_recursion(cur.left, target)
            self.__make_left(cur, new_left)
        elif target > cur.key: ······ 삭제하려는 노드가 현재 노드보다 클 때
            new_right = self.__delete_recursion(cur.right, target)
            self.__make_right(cur, new_right)
        else: ······ 삭제하려는 노드를 찾았을 때
            if not cur.left and not cur.right: ······ 리프 노드일 때
                cur = None
            elif not cur.right: ······ 자식이 하나일 때
                cur = cur.left          왼쪽 자식만 있을 때
            elif not cur.left: ······ 자식이 하나일 때
                cur = cur.right         오른쪽 자식만 있을 때
            else: ······ 자식이 둘일 때
                replace = cur.left
                replace = self.max(replace)
                cur.key, replace.key = replace.key, cur.key
                new_left = self.__delete_recursion(cur.left, replace.key)
                self.__make_left(cur, new_left)
        return cur

    def delete(self, target):
        new_root = self.__delete_recursion(self.root, target)
        self.root = new_root
```

코드만 보아서는 이해하기 쉽지 않습니다. 먼저 삭제하려는 노드의 키가 현재 노드의 키보다 작을 때 혹은 클 때 재귀 함수를 호출하고 있군요. 그림으로 코드를 조금 뜯어보죠.

그림을 살펴봅시다.

▼ 그림 8-5 delete

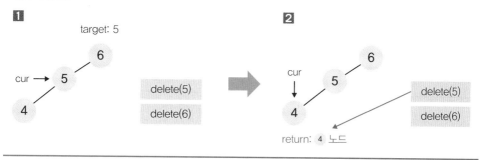

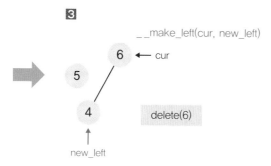

그림 8-5는 BST의 삭제 과정을 보여 줍니다. 먼저 첫 번째 상황에서 타깃을 찾을 때까지 재귀 함수를 계속 호출하며 내려갑니다. 그러다가 cur의 키 값이 5인 노드를 찾았습니다. 노드 5를 보면 왼쪽 자식만 있는 경우입니다. 이때 cur=cur.left가 실행되면 오른쪽 그림(**2**)과 같이 됩니다. 그리고 마지막에 cur 노드를 반환하고 종료되므로 반환값은 노드 4입니다. 이제 다시 노드 6이 cur일 때로 돌아왔군요. 이때 이전에 반환받은 노드 4를 new_left에 받아 놓습니다. __make_left(cur, new_left) 메서드를 사용하여 cur의 왼쪽 자식 노드를 new_left로 만듭니다. 그럼 아래쪽 그림(**3**)과 같이 변경됩니다. 노드 5는 삭제된 것입니다. 이렇게 해서 노드가 하나일 때를 살펴보았습니다.

삭제하려는 노드가 리프 노드라면 어떨까요? 단순하게 반환하는 cur를 None으로 해서 반환합니다. 그럼 호출한 메서드 쪽에서 cur의 왼쪽 혹은 오른쪽 자식에 None을 할당할 것입니다. 즉, 리프 노드가 삭제된 것이지요.

마지막으로 자식 노드가 두 개일 때를 알아보겠습니다. 자식 노드가 두 개일 때는 그 노드를 직접 삭제하지 않습니다. 대체 노드를 찾아서 키 값을 교환한 후 대체 노드를 대신 삭제합니다. 대체 노드는 반드시 리프 노드이거나 지금 구현하려는 코드에서는 왼쪽 자식만 있는 노드입니다. 왜 그런지 그림으로 살펴볼까요? 그림 8-3에서 루트 노드인 6을 지운다고 합시다. 이때 대체 노드로 가능한 노드는 몇 개인가요? 두 개입니다. 첫 번째 노드는 노드 6의 왼쪽 서브 트리에서 가장 큰 노드고, 두 번째 노드는 노드 6의 오른쪽 서브 트리에서 가장 작은 노드입니다.

이 책에서는 왼쪽 서브 트리에서 가장 큰 노드를 대체 노드로 하겠습니다. 자식이 둘일 때 코드를 보면 먼저 replace가 삭제 노드의 왼쪽 서브 트리를 가리키게 합니다. 그리고 아직 구현하지는 않았지만 max 메서드를 사용하여 가장 큰 노드를 찾습니다. 그 후 cur와 replace의 키 값을 교환합니다.

그림을 살펴봅시다.

❤ 그림 8-6 delete

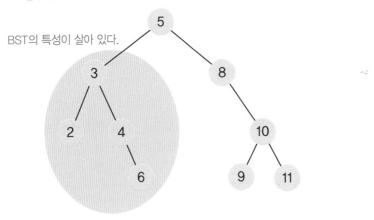

그림 8-6을 보면 cur와 replace의 키를 교환하고 나면 BST의 특성이 깨집니다. 그림에서 루트 노드 5를 기준으로 보면 왼쪽 서브 트리에 5보다 큰 6이 있지요. 이래서야 대체 노드를 지울 수 없습니다. 이제 리프 노드이니까 지울 수 있을 줄 알았는데, 이대로는 6을 search로 찾을 수 없을 것입니다. 이때 유심히 살펴보면 cur 노드의 왼쪽 서브 트리는 아직 BST의 특성이 살아 있습니다. 그렇다면 cur의 왼쪽 서브 트리에서 노드 6을 지우면 됩니다. 이때 노드 6은 반드시 오른쪽 자식 노드가 없어야 하므로 리프 노드이거나 왼쪽 자식 노드만 있는 경우의 코드가 실행될 것입니다.

이번에는 매개변수로 전달된 노드를 루트로 하는 이진 탐색 트리의 최솟값을 반환하는 메서드와 최댓값을 반환하는 메서드를 만들어 보겠습니다.

```
def min(self, cur):
    while cur.left != None:
        cur = cur.left
    return cur

def max(self, cur):
    while cur.right != None:
        cur = cur.right
    return cur
```

코드 8-7을 보면 최솟값을 구하는 min 메서드의 구현이 매우 간단합니다. cur를 시작으로 왼쪽 자식을 따라 쭉 내려가면 됩니다. 이는 BST의 정의만 잘 생각해 보아도 너무 당연한데, 이해되지 않는다면 그림 8-3에서 루트 노드 6에서 시작하여 왼쪽 자식 노드를 쭉 따라 내려가 보기 바랍니다. 가장 작은 원소인 2가 나올 것입니다.

최댓값을 구하는 max 메서드도 구현이 매우 간단합니다. 이번에는 cur를 시작으로 오른쪽 자식을 따라 쭉 내려가면 되지요.

마지막으로 어떤 노드가 주어졌을 때 그 노드의 바로 이전 노드와 바로 다음 노드를 구하는 메서드인 prev()와 next()를 구현해 보겠습니다. 코드를 먼저 보겠습니다.

```
def prev(self, cur):              왼쪽 자식이 있다면
    if cur.left: ················  왼쪽 자식에서 가장 큰 노드
        return self.max(cur.left)

    parent = cur.parent ······ 부모 노드를 받아 옵니다.
    while parent and cur == parent.left: ······ 현재 노드가 부모 노드의 왼쪽 자식이면
        cur = parent
        parent = parent.parent

    return parent
                              오른쪽 자식이 있다면
def next(self, cur):          오른쪽 자식에서 가장 작은 노드
    if cur.right: ················
        return self.min(cur.right)
                                            현재 노드가 부모 노드의 오른쪽 자식이면
                                            루트에 도달하거나 현재 노드가
    parent = cur.parent ······ 부모 노드를 받아 옵니다.   부모 노드의 왼쪽 자식이 될 때까지
    while parent and cur == parent.right: ················  계속 부모 노드로 이동
```

```
            cur = parent
            parent = parent.parent

    return parent
```

코드 8-8을 보면 이전 원소를 가져오는 prev( ) 메서드와 다음 원소를 가져오는 next( ) 메서드가 매우 유사하다는 것을 알 수 있습니다. prev 메서드만 예로 보면 next 함수는 쉽게 구현할 수 있습니다. 이전 요소를 가져올 때 크게 두 가지 경우가 있을 수 있습니다.

그림으로 살펴봅시다.

▼ 그림 8-7 prev( ) 메서드

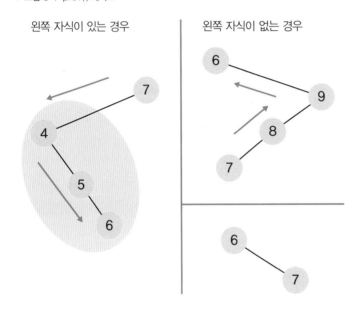

그림 8-7은 prev( ) 메서드가 다루는 크게 두 가지 상황을 연출한 것입니다. 그림에서 왼쪽은 왼쪽 자식 노드가 있는 경우인데, 이때 노드 7의 이전 노드는 왼쪽 자식 노드에서 가장 큰 노드를 구하면 됩니다. 이 그림에서는 노드 6이 되겠지요. 두 번째는 왼쪽 자식이 없는 경우인데 이때는 부모를 따라 올라갑니다. 이 상황에서 부모의 오른쪽 자식이 현재 노드라면 이는 부모 노드가 현재 노드의 이전 노드임을 의미합니다. 그림 8-7에서 오른쪽 아래 그림을 눈여겨보세요.

마지막으로 부모의 왼쪽 자식이 현재 노드라면 루트를 만나든가 부모의 오른쪽 자식이 현재 노드가 될 때까지 계속 부모를 타고 올라갑니다. 부모의 오른쪽 자식이 현재 노드란 의미는 부모 노드가 현재 노드의 이전 노드임을 의미합니다.

next()도 prev( ) 메서드와 유사합니다. 다만 방향이 반대일 뿐이지요. 시간을 내어 그림 8-7과 같이 꼭 그려 보기 바랍니다.

코드 8-9

```
bst = BST()

bst.insert(6)
bst.insert(3)
bst.insert(2)
bst.insert(4)
bst.insert(5)
bst.insert(8)
bst.insert(10)
bst.insert(9)
bst.insert(11)

f = lambda x: print(x.key, end=' ')
bst.inorder_traverse(bst.get_root(), f)
```

코드 8-9는 예제 코드의 일부를 가져온 것입니다. 이진 탐색 트리는 그림 8-3이 됩니다. 이 트리에 대해 중위 순회를 실행하면 다음 결과가 출력됩니다.

```
 2  3  4  5  6  8  9  10  11
```

중위 순회 메서드인 inorder_traverse( )의 실행 결과를 보면 BST의 모든 원소가 정렬되어 나오는 것을 알 수 있습니다.

코드 8-10

```
searched_node = bst.search(8)
if searched_node:
    print(f'searched key : {searched_node.key}')

    prev_node = bst.prev(searched_node)
    if prev_node:
        print(f'prev key : {prev_node.key}')
    else:
        print(f'this is the first key of the BST')

    next_node = bst.next(searched_node)
    if next_node:
```

```
        print(f'next key : {next_node.key}')
    else:
        print(f'this is the last key of the BST')
else:
    print('there is no such key')
print()
```

코드 8-10은 search()와 prev(), next() 메서드의 활용 예입니다. 실행 결과만 살펴보겠습니다.

```
searched key : 8
prev key : 6
next key : 9
```

마지막으로 자식이 두 개 있는 루트 노드 6을 삭제한 후 전위 순회를 해 보겠습니다. 잘 작동한다면 노드 6의 대체 노드 5가 루트가 되고 노드 6은 사라져야 합니다.

코드 8-11

```
bst.delete(6)
bst.preorder_traverse(bst.get_root(), f)
```

실행 결과만 확인해 보겠습니다.

```
key 6 is deleted
5  3  2  4  8  10  9  11
```

노드 6이 삭제되었고 노드 5가 루트가 된 것을 알 수 있습니다. 전체 실행 결과는 다음과 같습니다.

```
******************************************************************************
*************
2  3  4  5  6  8  9  10  11
searched key : 8
prev key : 6
next key : 9

MIN(bst) : 2
MAX(bst) : 11
key 6 is deleted
5  3  2  4  8  10  9  11
******************************************************************************
*************
```

이로써 이진 탐색 트리를 모두 구현해 보았습니다. 이진 탐색 트리 연산들의 빅오는 무엇일까요? 트리 높이가 h일 때 삽입, 삭제, 검색 모두 O(h)입니다. 우리는 평균적으로 트리 높이 h가 log n 이라고 짐작합니다. 그리고 대부분의 경우 이는 맞습니다. 하지만 특별한 경우에 이진 탐색 트리의 빅오는 O(n)이 됩니다. 대체 언제일까요?

8.5 이진 탐색 트리의 단점

이진 탐색 트리에 데이터가 정렬되어 삽입된다고 합시다. 예를 들어 1부터 차례로 6까지 삽입해 보면 다음 트리를 완성할 수 있습니다.

❤ 그림 8-8 편향 이진 트리

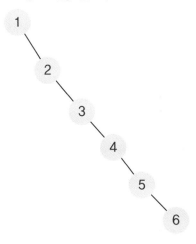

그림 8-8은 정렬된 데이터가 삽입되었을 때 BST 모습입니다. 각 레벨마다 노드가 하나씩만 있는 편향 이진 트리입니다. 연결 리스트와 같습니다. 삽입, 삭제, 탐색 모두 O(n)입니다. 이처럼 이진 탐색 트리는 치명적인 단점이 있습니다. 이를 보완한 이진 탐색 트리가 다음 장에서 배울 레드 블랙 트리가 포함되는 균형 이진 트리입니다. 균형 이진 트리는 편향 이진 트리가 되지 않도록 자동으로 트리 높이를 낮추어 최악의 경우라도 O(log n)이 되도록 합니다. 다음 장에서 균형 이진 트리 중 가장 널리 쓰는 레드 블랙 트리를 자세히 알아보겠습니다.

9장

다양한 트리 2: 레드 블랙 트리

9.1 어떻게 균형을 맞출 것인가?

9.2 레드 블랙 트리

9.3 레드 블랙 트리의 구현

이진 탐색 트리가 가지는 문제점을 보완한 트리로 균형 이진 트리(balanced binary tree)가 나왔습니다. 균형 이진 트리에는 AVL 트리, 레드 블랙 트리, B 트리 등 다양한 트리가 있습니다. AVL 트리가 가장 먼저 나왔지만 현재 집합이나 딕셔너리 같은 자료 구조에 쓰는 트리는 레드 블랙 트리이며, 데이터베이스에서 쓰는 트리는 B 트리 혹은 B+ 트리입니다. 이 장에서는 레드 블랙 트리를 다루어 보겠습니다.

9.1 어떻게 균형을 맞출 것인가?

이진 탐색 트리가 가지는 문제점이 무엇이었습니까? 데이터가 정렬된 상태로 들어오면 각 레벨마다 노드를 하나씩만 가져 결국 연결 리스트가 되는 것이었죠. 이를 해결하려면 어떻게 하면 될까요?

다음 그림과 같은 간단한 발상을 할 수 있습니다.

▼ 그림 9-1 균형을 맞추는 간단한 아이디어

그림 9-1을 보면 키 1이 들어오고 키 2가 들어와 오른쪽 자식이 되었을 때 키 3이 들어오면 이진 탐색 트리일 경우 키 3이 키 2의 오른쪽 자식이 되어 편향 이진 트리가 되어야 합니다. 하지만 어떤 알고리즘을 이용해서 노드 2가 회전(rotation)하여 노드 1이 노드 2의 왼쪽 자식이 되고 노드 3이 노드 2의 오른쪽 자식이 된다면 균형이 맞추어진 트리가 될 것입니다. AVL 트리나 레드 블랙 트리도 알고리즘은 다르지만 기본적인 발상은 이와 같습니다. 특정 상황에서 회전을 하여 트리 균형을 맞추게 됩니다.

9.2 레드 블랙 트리

먼저 확장 이진 트리(extended binary tree)를 알아보겠습니다. 이 트리는 모든 빈 노드를 외부 노드 (external node)로 대체합니다. 이렇게 되면 이전에 리프 노드였던 노드들은 리프 노드가 아니게 됩니다. 그 역할을 외부 노드가 물려받기 때문이지요. 이때 외부 노드를 제외한 모든 노드는 내부 노드 (internal node)가 됩니다.

그림으로 확인해 볼까요? 그림 9-2는 확장 이진 트리입니다. 앞으로 외부 노드는 사각형으로, 내부 노드는 이전처럼 원으로 표현하겠습니다.

▼ 그림 9-2 확장 이진 트리

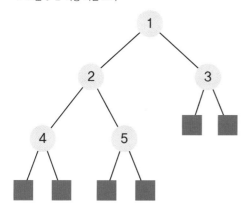

레드 블랙 트리(red black tree)란 모든 노드의 컬러가 레드 혹은 블랙인 이진 탐색 트리입니다. 루트와 외부 노드는 무조건 블랙입니다. 이외에도 몇 가지 특징이 있는데, 알아보기 전에 레드 블랙 트리를 그림으로 살펴봅시다(그림 9-3).

▼ 그림 9-3 레드 블랙 트리

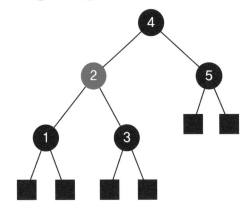

그림 9-3은 레드 블랙 트리입니다. 여기서 눈여겨볼 점은 이 트리도 이진 탐색 트리라는 것이고, 루트와 외부 노드가 모두 블랙이라는 것입니다.

레드 블랙 트리의 특징을 알아볼까요?

1. 트리의 모든 노드는 레드 아니면 블랙입니다.

2. 루트 노드와 외부 노드는 블랙입니다.

3. 루트 노드에서 외부 노드까지 경로에서 레드 노드가 연속으로 나올 수 없습니다.

4. 루트 노드에서 외부 노드까지 모든 경로에서 블랙 노드 개수는 같습니다.

세 번째 특징을 보면, 루트에서 외부 노드까지 경로에서 레드 노드가 연속으로 나올 수 없다는 의미는 부모가 레드라면 자식은 무조건 블랙이어야 한다는 것입니다. 이를 어기면 레드 규칙 위반이라고 하겠습니다. 이 위반은 키를 삽입하는 insert 연산에서 일어납니다.

네 번째 특징을 어기는 경우는 어느 때일까요? 루트 노드에서 외부 노드까지 모든 경로에서 유지되던 블랙 노드 개수는 delete 연산을 할 때 블랙 노드가 삭제되면 발생하겠지요. 세 번째와 네 번째 특징을 어기는 상황이 발생했을 때, 일정 규칙에 따라 색 변경 및 회전이 발생하여 다시 규칙을 지키게 하는 것입니다.

레드 블랙 트리의 알고리즘은 복잡한 편입니다. 그래서 insert와 delete 연산에서 알고리즘을 모두 보지는 않을 것입니다. 어떻게 insert 연산이 수행되는지 살펴보겠습니다. 이것만으로도 레드 블랙 트리의 작동 방식을 이해하는 데 충분합니다. 이후에 자료 구조를 깊이 있게 공부할 때 delete 연산도 공부해 보기 바랍니다.

146

레드 블랙 트리의 핵심인 회전 연산을 알아봅시다. 다음 그림을 보세요.

▼ 그림 9-4 왼쪽 회전

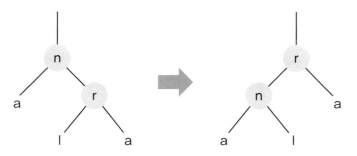

1. l를 n.right_child로
2. n.parent를 r.parent로
3. n을 r.left_child로

그림 9-4는 왼쪽 회전을 나타냅니다. 그림에서 노드 r을 축으로 노드 n을 왼쪽, 즉 반시계 방향으로 회전하는 것입니다. 이때 r의 왼쪽 자식이었던 내부 노드 혹은 외부 노드 l을 노드 n의 오른쪽 자식으로 만들어 주는 것을 잊어서는 안 됩니다.

이번에는 오른쪽 회전을 보겠습니다. 그림을 봅시다.

▼ 그림 9-5 오른쪽 회전

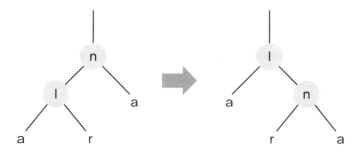

1. r을 n.left_child로
2. n.parent를 l.parent로
3. n을 l.right_child로

그림 9-5를 보면 노드 l을 축으로 노드 n을 오른쪽, 즉 시계 방향으로 회전하고 있습니다. 이때도 역시 노드 l의 오른쪽 자식인 내부 노드 혹은 외부 노드 r을 노드 n의 왼쪽 자식으로 만들어 주는 것을 잊어서는 안 됩니다.

이제 키를 삽입하는 insert 연산을 알아보겠습니다. 레드 블랙 트리는 BST를 변형한 것이라고 했습니다. 레드 블랙 트리의 insert 연산은 BST 연산을 그대로 수행합니다. 그 후 새로 삽입된 노드의 색을 RED로 합니다. 삽입된 노드와 그 부모 노드가 모두 RED라면 레드 블랙 트리의 세 번째 특징을 어기는 레드 규칙 위반이 일어납니다. 레드 규칙 위반이 일어나면 이를 insert_fix 연산을 이용하여 균형 있게 재배치합니다.

insert_fix는 어떤 알고리즘을 수행할까요? 먼저 루트 노드가 RED가 되면 루트 노드를 블랙으로 변경합니다. 두 번째로 레드 규칙 위반을 여덟 가지 경우로 나누어 다룹니다. 이때 크게 새로운 노드의 부모 노드의 부모 노드, 즉 조부모 노드의 왼쪽 자식 노드가 새로운 노드의 부모 노드인 경우와 조부모 노드의 오른쪽 자식 노드가 새로운 노드의 부모 노드인 경우로 나눌 수 있습니다.

글만 읽어서는 도통 무슨 소리인지 알 수가 없네요. 그림으로 살펴봅시다(그림 9-6).

❤ 그림 9-6 부모 노드가 조부모 노드의 왼쪽 자식인 경우

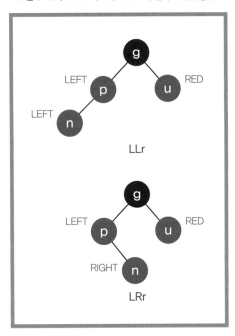
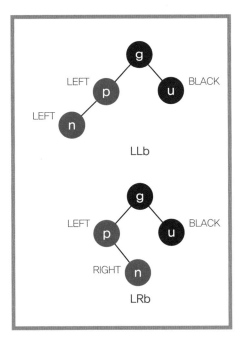

그림 9-6에서 노드 n이 새롭게 삽입된 노드입니다. 노드 n의 부모 노드 p를 보면 컬러가 RED입니다. 레드 노드가 연속해서 나올 수 없다는 규칙을 어겼습니다. 레드 규칙 위반이지요. 부모 노드

p의 부모는 조부모 노드 g입니다. 이때 크게 두 가지로 나눌 수 있는데 부모 노드 p가 조부모 노드 g의 왼쪽 자식인 경우와 부모 노드 p가 조부모 노드 g의 오른쪽 자식인 경우입니다.

그림 9-6에서는 부모 노드 p가 조부모 노드 g의 왼쪽 자식인 경우만 나와 있습니다. 모두 네 가지이군요. 부모 노드 p가 왼쪽 자식인 경우 네 가지만 알면 오른쪽 자식인 경우는 완벽하게 이것과 대칭을 이룹니다. 그렇기 때문에 실제 구현을 할 때도 단순히 방향만 바꾸어 주면 됩니다. 왼쪽 자식일 때 네 가지, 오른쪽 자식일 때 네 가지를 합쳐 모두 여덟 가지 경우가 있는 셈이지만, 이 중에서 왼쪽 자식일 때 네 가지만 알아보면 됩니다.

그림 9-6에서 눈에 띄는 점은 커다란 박스로 두 가지 경우씩 나누어 놓았다는 것입니다. 어떤 기준으로 나누어 놓았는지 살펴보면 왼쪽의 두 가지 경우는 조부모 노드 g의 오른쪽 자식 노드 u, 즉 부모 노드 p의 형제 노드가 RED입니다. 오른쪽의 두 가지 경우는 부모 노드 p의 형제 노드 u가 BLACK입니다. 그리고 왼쪽 박스나 오른쪽 박스에서 다시 두 가지 경우로 나뉘어지는데, 이는 자식 노드의 위치에 따라 나눕니다.

왼쪽 박스의 위에 있는 경우는 부모 노드 p가 조부모 노드 g의 왼쪽 자식이고 새롭게 삽입된 노드 n도 부모 노드 p의 왼쪽 자식입니다. 왼쪽 박스 아래에 있는 경우는 새롭게 삽입된 노드 n이 부모 노드 p의 오른쪽 자식이지요. 각각의 경우를 쉽게 인식할 수 있도록 세 가지 문자로 표현하는데, LLr 같은 식입니다. 여기서 첫 번째 문자 L은 부모 노드 p의 위치입니다. 조부모 노드의 왼쪽 자식이란 의미이지요. 두 번째 문자 L은 새롭게 삽입된 노드 n의 위치입니다. 부모 노드의 왼쪽 자식이란 의미입니다. 마지막 소문자 r은 부모 노드의 형제 노드인 u의 컬러를 의미합니다. RED이면 r, BLACK이면 b입니다. 예를 들어 LRb는 부모 노드 p는 조부모 노드 g의 왼쪽 자식이고 새롭게 삽입된 노드 n은 부모 노드 p의 오른쪽 자식이며 부모 노드 p의 형제 노드 u의 컬러는 BLACK입니다.

그렇다면 여덟 가지 경우를 모두 나열해 봅시다. 먼저 삽입된 노드의 부모 노드가 조부모 노드의 왼쪽 자식인 경우에는 다음과 같습니다.

LLr, LRr, LLb, LRb

다음으로 삽입된 노드의 부모 노드가 조부모 노드의 오른쪽 자식인 경우에는 다음과 같습니다.

RLr, RRr, RLb, RRb

이렇게 문자를 이용하면 쉽게 나열할 수 있습니다. 부모 노드가 조부모 노드의 왼쪽 자식인 경우 네 가지에 대해 각각 어떤 연산을 해야 하는지 살펴보겠습니다. 이 경우만 알아 두면 부모 노드가 조부모 노드의 오른쪽 자식인 경우에는 방향만 반대로 적용하면 됩니다.

먼저 삽입된 노드와 부모 노드의 위치와 상관없이 부모 노드의 형제 노드 u가 RED인 경우입니다. 그림으로 하나씩 살펴보겠습니다.

▼ 그림 9-7 부모 노드의 형제 노드가 RED

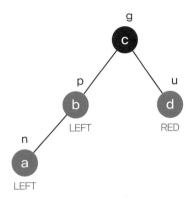

그림 9-7을 보면 부모 노드의 형제 노드 u가 RED인 것을 알 수 있습니다. 이때는 어떻게 해야 할까요? 다음 그림과 같이 색을 변경하면 됩니다.

▼ 그림 9-8 부모 노드의 형제 노드가 RED 1

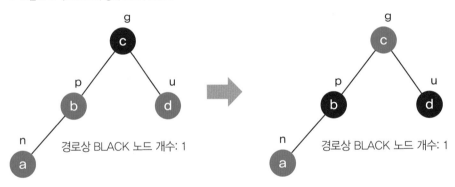

컬러의 변경

1. 조부모를 RED로
2. 부모와 부모 형제를 BLACK으로

그림 9-8을 보면 부모 노드 p와 형제 노드 u가 모두 RED인 상황입니다. 이때는 부모 노드 p와 형제 노드 u의 컬러를 RED에서 BLACK으로 바꾸고 조부모 노드 g의 컬러는 RED로 바꿉니다. 그다음 다음 그림과 같이 노드 n을 조부모 노드 g로 옮깁니다.

새로운 p가 BLACK이면 종료하고
RED면 반복 실행

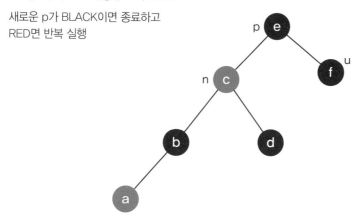

그림 9-9를 보면 노드 n을 조부모 노드로 옮겼습니다. 그렇다면 부모 노드 p도 변경되어야 하겠
군요. 새 부모 노드 p의 컬러가 BLACK이라면 더 이상 레드 규칙 위반이 아니지요. 레드 블랙 트
리의 세 번째 특징을 만족합니다. 그렇다면 알고리즘이 종료됩니다.

새 부모 노드 p의 컬러가 RED라면 다시 레드 규칙 위반이 됩니다. 그렇다면 다시 경우에 따라 알
고리즘을 적용하면서 노드 n이 루트를 따라 올라가면 됩니다. 어찌다 루트 컬러가 RED가 되는
경우가 있는데, 이때는 루트 컬러를 RED에서 BLACK으로 바꾸고 알고리즘을 종료합니다.

루트 컬러가 RED가 되면 BLACK으로 바꾸고 알고리즘을 종료한다.

이번에는 부모 노드의 형제 노드 u의 컬러가 BLACK인 경우를 보겠습니다. LRb와 LLb가 이 경
우에 속합니다. LRb는 먼저 LLb로 바꾸어 주어야 합니다. 그 후에 LLb는 컬러 변경과 함께 오른
쪽 회전을 하면 됩니다.

그림으로 살펴봅시다.

❤ 그림 9-10 부모 노드의 형제 노드가 BLACK

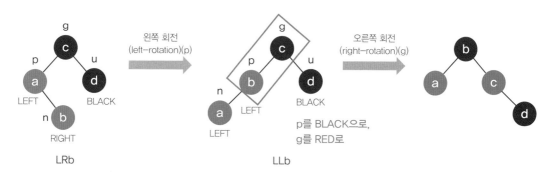

그림 9-10은 부모 노드의 형제 노드 u의 컬러가 BLACK인 경우입니다. 먼저 LRb는 부모 노드 p에 대해 왼쪽 회전을 합니다. 그럼 노드 n을 축으로 부모 노드 p가 왼쪽으로 회전하므로 LLb가됩니다. 그림에서 왼쪽 LRb가 LLb로 바뀐 것을 알 수 있습니다. LLb는 부모 노드 p와 조부모 노드 g의 컬러를 바꾸어 줍니다. 그럼 부모 노드 p의 컬러는 RED에서 BLACK으로, 조부모 노드 g의 컬러는 BLACK에서 RED로 바뀝니다. 그다음 조부모 노드 g에 대해 오른쪽으로 회전합니다. 그럼 부모 노드 p를 축으로 조부모 노드 g를 오른쪽으로 회전하므로 그림 9-10의 오른쪽 경우가됩니다. 이 경우에서 레드 규칙 위반은 사라졌습니다. 이제 알고리즘을 종료합니다.

이로써 레드 블랙 트리의 insert 연산을 알아보았습니다. 알고리즘이 매우 복잡하지요. 외우는 것은 불가능합니다. 레드 블랙 트리는 한 번 보고 이해하는 정도면 충분합니다. 세세한 부분까지 모두 암기해야 할 이유는 없습니다. 바퀴를 다시 발명하지 말라는 말처럼 이미 레드 블랙 트리는 많은 언어에서 내부 표현으로 잘 구현되어 있습니다. 레드 블랙 트리의 특징 정도만 살펴보았다면 이제는 언어가 제공하는 API를 잘 사용하면 되는 것입니다.

알고리즘만 보고 마무리하면 조금 아쉬울 것 같습니다. 다음 절에서는 레드 블랙 트리를 구현해 보겠습니다.

DATA STRUCTURES

9.3 레드 블랙 트리의 구현

먼저 레드 블랙 트리에 쓰일 RBNode 클래스를 살펴볼까요?[1]

코드 9-1

```python
class RBNode:
    def __init__(self, key):
        # 트리 내에서 유일한 키
        self.key = key
        # 노드 색: RED or BLACK
        # 트리에 insert 연산을 할 때 먼저 새로운 노드의 색은 RED로 합니다.
        self.color = "RED"
```

---

1 9장 전체 코드는 red_black_tree.py 파일에 있습니다.

```
        self.left = None
        self.right = None

        # 부모
        self.parent = None

    def __str__(self):
        return str(self.key)
```

코드 9-1은 RBNode 클래스를 보여 줍니다. 이진 탐색 트리를 구현할 때 사용했던 노드에 color 멤버만 추가되었습니다. 컬러는 기본값으로 RED를 설정하도록 했습니다. 이번 코드에서는 멤버 각각에 대해 프로퍼티로 캡슐화하지 않았는데, 이는 단순히 코드 길이를 줄이기 위해서였습니다. 프로퍼티로 캡슐화해도 됩니다.

실제 구현을 할 때 모든 외부 노드의 인스턴스를 만들어서 리프 노드나 자식이 하나인 노드에 연결해 주는 것은 매우 번거로운 일입니다. 구현도 그만큼 복잡해집니다. 이를 해결할 수 있는 방법이 있는데, 모든 빈 노드가 하나의 외부 노드를 가리키게 하는 것입니다.

그림으로 살펴봅시다.

▼ 그림 9-11 레드 블랙 트리의 외부 노드 구현

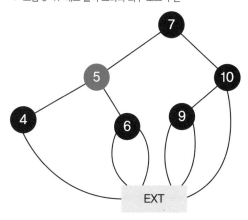

그림 9-11을 보면 모든 외부 노드를 하나의 객체로 표현했습니다. 이제 실제 코드로 구현합시다.

코드 9-2

```
class RedBlackTree:
    def __init__(self):
        self.__root = None
```

```python
        # 모든 외부 노드를 하나의 객체로 표현
        self.__EXT = RBNode(None)
        # 외부 노드의 컬러는 블랙
        self.__EXT.color = "BLACK"

    def get_root(self):
        return self.__root

    def preorder_traverse(self, cur, func, *args, **kwargs):
        if cur == self.__EXT:
            return

        func(cur, *args, **kwargs)
        self.preorder_traverse(cur.left, func, *args, **kwargs)
        self.preorder_traverse(cur.right, func, *args, **kwargs)
```

코드 9-2에서 생성자를 보면 __EXT라는 멤버를 두어 RBNode 인스턴스 하나를 참조하도록 했습니다. 이 멤버가 모든 외부 노드를 표현합니다. 외부 노드의 컬러는 BLACK이므로 컬러를 바꾸어 줍니다.

이제 그림 9-4의 왼쪽 회전 연산을 코드로 구현해 보겠습니다.

코드 9-3

```python
    def __left_rotate(self, n):
        # n's right child
        r = n.right
        # r's left child
        l = r.left

        # l을 n의 오른쪽 자식으로
        l.parent = n
        n.right = l

        # n.parent를 r.parent로
        # n이 루트라면 트리의 루트도 업데이트
        if n == self.__root:
            self.__root = r
        elif n.parent.left == n:
            n.parent.left = r
        else:
            n.parent.right = r
```

```
        r.parent = n.parent

        # n을 r의 왼쪽 자식으로
        r.left = n
        n.parent = r
```

코드 9-3을 보면 복잡해 보이지만 그림 9-4의 회전을 구현한 것뿐입니다. 오른쪽 회전도 코드로
확인해 볼까요?

```
    def __right_rotate(self, n):
        # n's left child
        l = n.left
        # lc's right child
        r = l.right

        # r을 n의 왼쪽 자식으로
        r.parent = n
        n.left = r

        # n.parent를 l.parent로
        # n이 루트라면 트리의 루트도 업데이트
        if n == self.__root:
            self.__root = l
        elif n.parent.left == n:
            n.parent.left = l
        else:
            n.parent.right = l
        l.parent = n.parent

        # n을 lc의 오른쪽 자식으로
        l.right = n
        n.parent = l
```

코드 9-4는 그림 9-5를 구현한 것입니다.

이제 키의 삽입 연산인 insert를 구현해 보겠습니다. 코드를 먼저 볼까요?

```python
    def insert(self, key):
        new_node = RBNode(key)
        new_node.left = self.__EXT
        new_node.right = self.__EXT

        cur = self.__root
        if not cur:
            self.__root = new_node
            # 루트 노드는 BLACK
            self.__root.color = "BLACK"
            return

        while True:
            parent = cur
            if key < cur.key:
                cur = cur.left
                if cur == self.__EXT:
                    parent.left = new_node
                    # 노드의 parent 설정
                    new_node.parent = parent
                    break
            else:
                cur = cur.right
                if cur == self.__EXT:
                    parent.right = new_node
                    # 노드의 parent 설정
                    new_node.parent = parent
                    break
        # 노드 삽입 후 처리
        self.__insert_fix(new_node)
```

코드 9-5를 보면 BST의 insert 연산과 거의 같습니다. 다만 while 문 내에서 새로운 노드를 삽입하고 바로 끝내지 않고 while 문을 빠져나와 __insert_fix() 메서드를 호출하여 노드의 재배치를 수행합니다. 마지막으로 핵심 연산을 담당할 __insert_fix 메서드의 코드를 보겠습니다.

```python
    def __insert_fix(self, n):      # pn: n의 부모
        pn = gn = un = None  ------ # gn: n의 조부모
                                    # un: pn의 형제

        pn = n.parent
```

```
        while pn != None and pn.color == "RED":······ n이 루트가 아니고 n.parent가 RED면 연속된 RED
            gn = pn.parent ······ pn이 RED면 반드시 gn이 존재: 루트는 BLACK이므로 pn은 루트가 될 수 없습니다.
            if gn.left == pn:······ pn이 gn의 왼쪽 자식일 때
                un = gn.right

                if un.color == "RED":······ XYr: 부모 형제가 RED일 때
                    gn.color = "RED"
                    pn.color = un.color = "BLACK"······ 부모, 부모 형제와 조부모의 색을 변경

                    n = gn ······ gn을 새로운 n으로 만든 후 연속된 레드가 또 일어나는지 확인
                    pn = n.parent

                else:······ XYb: 부모 형제가 BLACK일 때
                    if pn.right == n:······ LRb일 때
                        self.__left_rotate(pn)
                        n, pn = pn, n
                    pn.color, gn.color = gn.color, pn.color ······ LLb일 때 부모와 조부모의 색을 바꾸고

                    self.__right_rotate(gn)
            else:······ pn이 gn의 오른쪽 자식일 때
                un = gn.left ······ 조부모의 왼쪽 자식이 외부 노드일 때 부모 형제를 en으로 대체
                if un.color == "RED":
                    gn.color = "RED"
                    pn.color = un.color = "BLACK"

                    n = gn
                    pn = n.parent
                else:
                    if pn.left == n:
                        self.__right_rotate(pn)
                        n, pn = pn, n
                    pn.color, gn.color = gn.color, pn.color
                    self.__left_rotate(gn)

        self.__root.color = "BLACK" ······ 연속된 레드가 루트까지 올라왔을 때는 루트를
                                           BLACK으로 만들어 주면 됩니다.
```

코드 9-6을 보면 코드가 길고 복잡해 보이지만 이전 절에서 설명한 내용을 단순히 구현한 것에 불과합니다. 이전 절에서 부모 노드가 조부모 노드의 왼쪽 자식일 때만 설명했는데, 구현에서는 부모 노드가 조부모 노드의 오른쪽 자식일 때도 모두 처리해 두었습니다. 잘 살펴보면 부모 노드가 왼쪽 자식일 때를 대칭적으로 바꾼 것뿐이라는 것을 알 수 있습니다. 이제 잘 작동하는지 테스트해 보겠습니다.

```
    # 편의 함수
    def print_node(self, rbn):
        if rbn:
            print("node : {}, ".format(rbn.key), end="  ")
            if rbn.color == "RED":
                print("color : RED, ", end="  ")
            else:
                print("color : BLACK, ", end="  ")
            if rbn.left:
                print("left : {}, ".format(rbn.left.key), end="  ")
            if rbn.right:
                print("right : {}, ".format(rbn.right.key), end="  ")
            if rbn.parent:
                print("parent : {}".format(rbn.parent.key), end="  ")
            print()

if __name__ == "__main__":
    print('*'*100)
    rbt = RedBlackTree()

    for i in range(10):
        rbt.insert(i)

    rbt.preorder_traverse(rbt.get_root(), rbt.print_node)
    print('*'*100)
```

코드 9-7에서 print_node 메서드는 의미 없이 단순히 노드의 컬러와 자식 노드, 그리고 부모 노드를 알아보기 쉬운 형태로 출력하는 편의 함수일 뿐입니다. 코드 9-7의 테스트 코드를 보면 레드블랙 트리에 0부터 9까지 삽입하고 있습니다. 그리고 전위 순회로 모든 노드를 방문합니다. 실행하면 다음 결과가 출력됩니다.

```
****************************************************************************************
*************
node : 3, color : BLACK, left : 1, right : 5,
node : 1, color : BLACK, left : 0, right : 2, parent : 3
node : 0, color : BLACK, left : None, right : None, parent : 1
node : 2, color : BLACK, left : None, right : None, parent : 1
node : 5, color : BLACK, left : 4, right : 7, parent : 3
node : 4, color : BLACK, left : None, right : None, parent : 5
node : 7, color : RED, left : 6, right : 8, parent : 5
```

```
node : 6, color : BLACK, left : None, right : None, parent : 7
node : 8, color : BLACK, left : None, right : 9, parent : 7
node : 9, color : RED, left : None, right : None, parent : 8
********************************************************************************
*************
```

실행 결과가 이렇게 나오면 잘 작동한 것입니다. 이 실행 결과를 보고 트리의 모습을 직접 그려 보세요.

이로써 레드 블랙 트리 설명을 모두 마쳤습니다. 레드 블랙 트리는 균형 이진 트리이기 때문에 빅오가 BST처럼 O(h)가 아니라 최악의 경우에도 O(log n)입니다. 삽입과 탐색, 그리고 삭제 모두 굉장히 빠른 자료 구조입니다. 다음 장에서는 BST의 변형 중 주로 메인 메모리가 아닌 하드 디스크에 상주하는, 데이터베이스에서 아주 중요한 역할을 하는 자료 구조인 B 트리를 알아보겠습니다.

10장

다양한 트리 3: B 트리

10.1 메모리 계층 구조

10.2 데이터베이스에 데이터 삽입, 탐색, 삭제해 보기

10.3 B 트리

10.4 B 트리에 키 삽입·삭제하기

10.5 B+ 트리

10.6 B 트리로 인덱스 만들기

지금까지 다룬 자료 구조는 모두 메인 메모리에 상주합니다. 그러므로 자료 구조 성능을 평가할 때 빅오만으로도 비교가 가능했습니다. 그런데 조금만 더 생각해 보면 많은 데이터가 데이터베이스에 있습니다. 데이터베이스는 보조 기억 장치에 데이터를 저장하죠. 데이터를 보조 기억 장치에 저장한다면 이야기는 달라집니다. 지금까지 공부했던 자료 구조를 보조 기억 장치에서 사용한다면 빅오는 의미가 없어집니다. 데이터를 메인 메모리로 읽어 오거나 보조 기억 장치에 쓰는 연산이 함수 대부분의 실행 시간을 차지할 것이기 때문이죠. 그렇다면 지금까지 공부한 자료 구조는 오로지 메인 메모리에 상주하는 데이터를 다루기 위한 것일까요? 그렇지 않습니다. 자료 구조를 하드웨어 특성과 잘 맞물려 조금 변형한다면 보조 기억 장치로 삽입, 탐색, 삭제할 때 성능을 좀 더 좋게 할 수 있습니다.

이 장에서 알아볼 B 트리는 많은 데이터베이스 시스템에서 데이터를 저장하고 다루는 데 사용하는 매우 중요한 자료 구조입니다. 먼저 메모리 계층 구조부터 시작합시다.

10.1 메모리 계층 구조

컴퓨터에는 많은 종류의 메모리가 있습니다. 일반적으로 생각하는 메인 메모리가 있고, CPU에는 레지스터라는 메모리가 있습니다. CPU와 메인 메모리 사이에는 캐시가 있죠. 그리고 하드 디스크가 있습니다. 이 메모리들은 계층 구조를 이루고 있는데요.

먼저 그림으로 살펴보겠습니다.

▼ 그림 10-1 메모리 계층 구조

레지스터	1사이클
캐시	3사이클
메인 메모리	20~100사이클
하드 디스크	50만~500만 사이클

그림 10-1은 메모리 계층 구조를 보여 줍니다. 피라미드 모양으로 되어 있죠. 이 그림에서 위로 올라갈수록 속도는 빠르지만 용량은 적습니다. 그리고 아래로 내려갈수록 속도는 느리지만 용량은 커집니다.

오른쪽에는 CPU가 데이터를 요청했을 때 해당 메모리에서 데이터를 가져오는 클럭 수를 표시했습니다. 메인 메모리만 해도 20클럭으로 느리지만, 하드 디스크 속도와 비교할 것은 안 됩니다. 하드 디스크에서 데이터를 가져오는 것은 그만큼 리소스가 많이 필요한 연산입니다. 물론 최근에는 SSD 등 성능이 향상된 보조 기억 장치가 등장하여 그림과 같이 느리지는 않겠지만, 그래도 속도가 느린 것은 여전합니다.

대부분의 자료 구조는 메인 메모리를 기준으로 설계했습니다. 어찌 보면 당연한 것입니다. 프로세스를 시작하면 하드 디스크에서 필요한 메모리를 메인 메모리로 가져오고, 이 메모리를 기반으로 프로그램을 수행하니까 말이지요. 프로그래밍을 처음 공부할 때 "데이터베이스에 접근하는 횟수를 최대한 줄여라."라는 말을 많이 들었을 것입니다. 데이터베이스는 데이터를 하드 디스크에 저장하기 때문입니다. 데이터베이스는 하드 디스크에 저장되는 데이터를 최대한 효율적으로 관리하는 것뿐이지 하드 디스크가 가지는 하드웨어적 한계를 뛰어넘는 것은 아닙니다.

그렇다면 데이터베이스는 어떻게 데이터를 삽입, 탐색, 삭제할까요? 데이터베이스가 사용하는 자료 구조를 공부하면 앞으로 데이터베이스를 설계하고 SQL을 작성하는 데 도움을 많이 받을 수 있을 것입니다. 테이블에 레코드를 저장하고, 읽어 오고, 삭제하는 데 사용하는 자료 구조가 바로 B 트리와 B 트리의 변형인 B+ 트리입니다. **많은 데이터베이스가 B+ 트리를 사용합니다.**

다음 절에서는 B 트리를 알아보기 전에 먼저 B 트리를 사용하는 데이터베이스에서 데이터가 삽입, 탐색, 삭제되는 과정을 훑어보겠습니다. 데이터베이스를 이해해야 B 트리가 내부적으로 어떻게 작동하는지 이해하기 쉬울 것입니다.

10.2 데이터베이스에 데이터 삽입, 탐색, 삭제해 보기

데이터베이스에 예제 테이블을 하나 만들어 보겠습니다. 데이터베이스는 MariaDB를 사용했습니다(데이터베이스 예제는 따라 하는 용도가 아니라 설명하는 용도이므로 데이터베이스를 설치할 필요는 없습니다). 이 절에서는 SQL 문을 사용할 텐데, 아직 데이터베이스를 공부하지 않았더라도 걱정하지 마세요. 최대한 간략하게 작성하여 예제 코드를 따라가면 충분히 이해할 수 있을 것입니다.

코드 10-1은 데이터베이스에서 테이블을 만드는 SQL입니다.

코드 10-1

```
MariaDB [mydb]> CREATE TABLE example (
    -> ID INT PRIMARY KEY,
    -> name VARCHAR(20)
    -> );
```

데이터베이스에서 테이블이란 데이터가 저장되는 곳입니다. 어떤 데이터를 가지고 있는지 나타내는 표시 항목이 컬럼이고, 이 컬럼 항목을 가진 실제 데이터를 레코드(혹은 튜플)라고 합니다. 테이블 이름은 example이며 컬럼은 ID와 name입니다. ID는 PRIMARY KEY로 지정되어 있는데, 이 키가 중요합니다. 이 키를 사용해서 B 트리를 구성하기 때문이지요.

코드 10-2는 테이블에 있는 인덱스를 보기 위한 SQL입니다.

코드 10-2

```
MariaDB [mydb]> SHOW INDEX FROM example;
+---------+-----------+------------+
| Table   | Key_name  | Index_type |
+---------+-----------+------------+
| example | PRIMARY   | BTREE      |
+---------+-----------+------------+
```

테이블을 만들기만 했는데 인덱스가 생겼습니다. 그리고 인덱스 종류가 BTREE로군요.

다음과 같이 레코드를 몇 개 삽입해 보겠습니다.

코드 10-3

```
MariaDB [mydb]> INSERT INTO example (ID, name)
    -> VALUES
    -> (1, '김유신'),
    -> (2, '이순신'),
    -> (3, '홍길동'),
    -> (4, '김구');
```

레코드가 잘 저장되었는지 확인해 볼까요? 다음 코드는 테이블에서 레코드를 조회하는 SQL입니다.

코드 10-4

```
MariaDB [mydb]> SELECT * FROM example;
+----+--------+
| ID | name   |
+----+--------+
|  1 | 김유신  |
|  2 | 이순신  |
|  3 | 홍길동  |
|  4 | 김구    |
+----+--------+
```

잘 삽입되었군요. 특정 레코드를 탐색해 보겠습니다.

코드 10-5

```
MariaDB [mydb]> SELECT * FROM example
    -> WHERE ID = 4;
+----+------+
| ID | name |
+----+------+
|  4 | 김구  |
+----+------+
```

코드 10-5에서 특정 레코드를 탐색할 때 쓴 키워드가 WHERE입니다. 이 키워드 뒤에 조건을 기술하는 것이지요.

이제 레코드를 삭제해 봅시다.

코드 10-6

```
MariaDB [mydb]> DELETE FROM example
    -> WHERE ID = 4;
MariaDB [mydb]> SELECT * FROM example;
+----+--------+
| ID | name   |
+----+--------+
|  1 | 김유신 |
|  2 | 이순신 |
|  3 | 홍길동 |
+----+--------+
```

코드 10-6에서 DELETE 키워드를 사용해서 ID가 4인 레코드를 지웠습니다. 코드 10-5와 코드 10-6에서 특정 레코드에 접근하는 데 사용한 키워드는 WHERE였습니다. 이 키워드를 잘 기억해 두세요. B 트리를 공부하고 이 WHERE 절이 어떻게 작동할지 고민해 볼 것입니다.

지금까지 예제로 데이터베이스에 데이터를 삽입, 탐색, 삭제하는 과정을 알아보았습니다. 이제 이런 SQL 문이 내부에서는 어떻게 작동하는지 알아보겠습니다. 다음 절에서는 B 트리에서 삽입, 탐색, 삭제하는 과정을 알아보고 B+ 트리도 간단히 짚고 넘어가겠습니다.

10.3 B 트리

B 트리는 m-way 탐색 트리(m-way search tree)의 일종입니다. 여기서 m은 노드가 가질 수 있는 최대 자식 개수를 의미합니다. BST의 노드는 자식을 두 개 가질 수 있지요. 그러므로 BST는 2-way 탐색 트리입니다. 자식은 둘이지만 노드가 가지는 키는 하나입니다. 이를 일반화하면 m-1은 노드가 가질 수 있는 최대 키 개수입니다.

m-way 검색 트리에서 중요한 점은 노드에 키가 여러 개 있을 수 있다는 것이지요. 여기서 한 가지 궁금점이 생깁니다. 노드에 키가 하나일 때와 여러 개일 때 어떤 차이가 있을까요? 어떤 상황에서 노드에 키를 여러 개 두어야 할까요? 이진 탐색 트리가 결국에는 선형 탐색을 피하고자

트리에 이진 탐색을 적용한 것인데, m을 1001처럼 큰 수로 잡는다면 다시 선형 탐색으로 회귀하는 모습이지요. 노드에 있는 키 개수 차이는 메모리 접근 횟수와 비교 연산 횟수의 차이를 의미합니다.

그림으로 확인해 봅시다.

▼ 그림 10-2 m-way 검색 트리 비교

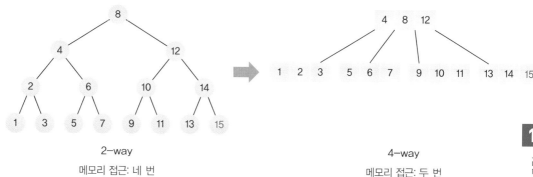

2-way
메모리 접근: 네 번
비교 연산: 네 번

4-way
메모리 접근: 두 번
비교 연산: 여섯 번

그림 10-2를 보면 왼쪽이 BST고 오른쪽이 4-way 검색 트리입니다. 찾고자 하는 키는 15입니다. 두 자료 구조 모두 하드 디스크에 저장되어 있다고 합시다. BST에서 노드는 하나의 키를 가지고 있기 때문에 하드 디스크에 저장된 노드를 읽어 오는 메모리 접근 횟수, 읽어 온 데이터를 찾고자 하는 키와 비교하는 연산 횟수 모두 트리 높이(height of tree)와 같습니다.

BST가 완전 이진 트리라면 트리 높이 h=log n이 되지요. 오른쪽의 4-way 검색 트리를 살펴보면 m이 2에서 4로 커지면서 트리 높이는 2로 줄어들었습니다. 하드 디스크에서 메인 메모리로 노드를 하나씩 가져온다고 했을 때 트리 높이가 줄어들었다는 이야기는 메모리 접근 횟수가 줄어들었다는 것을 의미합니다. 실제로 하드 디스크에서 메인 메모리로 가져올 때는 큰 단위로 가져오는데, 가상 메모리가 적용된 시스템은 페이지(page) 크기(일반적으로 4kb=4096byte)만큼 가져옵니다. 그 대신 한 노드에서 찾고자 하는 키를 찾기 위해 선형 탐색을 하기 때문에 비교 연산 횟수는 늘어났지요.

메모리 접근 횟수는 줄어든 대신 비교 연산 횟수는 늘어났으니 결국 성능은 비슷하지 않나 하는 의문이 들 수 있지만 그렇지 않습니다. 이 자료 구조가 하드 디스크에 저장되어 있기 때문입니다. 비교 연산은 메인 메모리에 있는 두 값을 가져다 뺄셈 한 번만 하면(비교 연산은 CPU에서 두 수를 빼서 알아냄) 알 수 있습니다. 이때 두 값을 가져오는 데 40클럭이 걸립니다. 여기에 연산 후 값을 메모리에 쓰는 데 20클럭 그리고 뺄셈 연산에 1클럭을 더해 61클럭이면 충분하지만, 메모리 접근 횟수는 하드 디스크에 대한 접근이므로 한 번에 50만 클럭이 필요합니다. 자료 구조가 어디에 저장되어 있느냐에 따라 메모리 접근과 비교 연산의 차이가 이렇게도 극명하게 나는 것입니다.

결론은 나왔습니다. 하드 디스크에 상주하는 자료 구조를 설계한다면 한 노드에 최대한 많은 키를 담아 메모리 접근 횟수를 줄여야 합니다. 그렇다고 노드 크기를 무작정 늘릴 수도 없습니다. 그렇게 되면 노드 크기가 페이지 크기를 넘게 되어 한 번에 한 노드를 가져올 수 없기 때문입니다. 그래서 실제로는 페이지 크기에 맞추어서 m 값을 수백 정도로 설정합니다.

B 트리는 m-way 탐색 트리의 일종입니다. 먼저 m-way 탐색 트리를 정의해 보겠습니다.

1. 서브 트리를 최대 m개 가집니다.

2. 한 노드에서 key는 정렬되어 있습니다.

3. 어떤 키 K의 왼쪽 서브 트리의 모든 키는 K보다 작습니다.

4. 어떤 키 K의 오른쪽 서브 트리의 모든 키는 K보다 큽니다.

5. 서브 트리도 m-way 탐색 트리입니다.

세 번째와 네 번째 특징은 마치 BST와 유사합니다. 탐색 트리는 모두 BST를 기반으로 하기 때문입니다. 그림 10-2와 비교하면서 읽어 보면 훨씬 쉽게 이해할 수 있을 것입니다. 여기에 더해 B 트리의 특징도 알아볼까요? 차수가 m인 B 트리는 다음과 같이 정의할 수 있습니다.

1. 2 <= 루트 노드의 서브 트리 개수 <= m

2. $\lceil m/2 \rceil$ <= 루트를 제외한 노드의 서브 트리 개수 <= m

3. $\lceil m/2 \rceil$ -1 <= 루트를 제외한 노드의 키 개수 <= m-1

4. 모든 리프 노드는 같은 레벨에 있습니다.

두 번째와 세 번째 정의는 다음 그림을 보면 당연한 것입니다.

❤ 그림 10-3 B 트리 노드

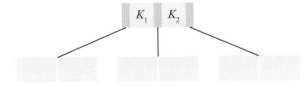

그림 10-3은 B 트리의 노드입니다. 키 앞에 자식을 가리키는 참조 하나 뒤에 참조 하나가 있습니다. 그렇게 되면 키가 두 개일 때 자식 노드를 가리키는 참조는 3이 됩니다. 즉, m이 최대 서브 트리 개수이므로 m-1은 한 노드에서 최대 키 개수를 의미합니다. 차수 m이 3인 트리를 따로 2-3 트리(2-3 tree)라고도 하는데, 다음 절에서 살펴볼 B 트리에서의 삽입과 삭제 연산에는 2-3 트리를 사용하겠습니다.

10.4 B 트리에 키 삽입 · 삭제하기

B 트리에서 탐색은 BST와 같습니다. 찾고자 하는 키가 키 K_1보다 크고 키 K_2보다 작으면 K_1과 K_2 사이에 있는 서브 트리로 내려가 다시 탐색을 시작합니다. 그렇게 계속 내려가다 보면 찾고자 하는 키를 찾을 수 있을 것입니다. 그래서 이 절에서는 B 트리에서 삽입과 삭제에 집중하려고 합니다. 먼저 insert 연산을 알아보겠습니다.

예제로 쓸 2-3 트리를 다시 한 번 정리하고 넘어가겠습니다. 다음 그림은 2-3 트리입니다.

▼ 그림 10-4 2-3 트리

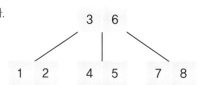

m = 3일 때 2-3 트리라고도 한다.
⌈3/2⌉ <= 서브 트리 개수 <= 3
1 <= 노드 원소 개수 <= 2

그림 10-4에서 한 노드에 들어갈 수 있는 최대 키 개수는 2입니다. 모든 리프 노드가 같은 레벨에 있다는 점도 주목하기 바랍니다. 그림에 있는 노드의 키는 이전 절에서 만든 example 테이블의 ID로 생각하면 됩니다. 여기서는 실제 레코드를 노드에 저장하는 대신 키 옆에 그 키가 가리키는 레코드에 대한 참조를 저장해 둡니다. 이렇게 하면 레코드 크기가 굉장히 크더라도 실제 노드에서 필요한 메모리는 참조의 크기일 뿐입니다. 테이블에 레코드가 아무것도 없었다고 합시다. 이 상태에서 첫 번째 레코드가 ID 1을 가지고 삽입됩니다.

그리고 이어 다음과 같이 두 번째 레코드가 삽입되었다고 합시다.

❤ 그림 10-5 split

그림 10-5를 보면 첫 번째 레코드가 삽입되면 B 트리가 생성되면서 키 1을 가진 루트 노드가 만들어집니다. 루트 노드이자 리프 노드입니다. 다음으로 두 번째 레코드가 삽입되면 키 2가 루트 노드에 추가됩니다. 2-3 트리는 키를 최대 두 개 가질 수 있습니다.

세 번째 키가 삽입된다면 어떻게 될까요? 다음 그림과 같이 키 3을 노드 끝에 삽입하면 노드에서의 최대 키 개수를 넘게 되는군요. 이때는 다음 그림과 같이 split 연산이 일어납니다.

❤ 그림 10-6 insert 1

그림 10-6을 보면 먼저 키 3을 노드 끝에 삽입합니다. 최대 키 개수를 넘기 때문에 이를 분리시켜야 합니다. 가운데 키 2를 새로운 노드에 삽입하여 부모로 올립니다. 키 1이 있는 노드는 키 2가 있는 노드의 왼쪽 서브 트리로 만들고, 키 3이 있는 노드는 키 2가 있는 노드의 오른쪽 서브 트리로 만듭니다. 최종적으로 트리 높이가 하나 더 높아졌군요. 이렇게 하면 B 트리가 가져야 할 모든 특징을 가지게 됩니다.

계속해서 키를 삽입해 볼까요? 다음 그림에서는 B 트리에 키 4와 키 5를 삽입합니다.

❤ 그림 10-7 insert 2

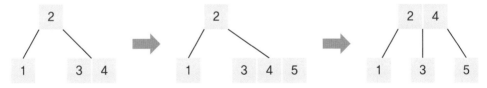

그림 10-7을 보면 키 4는 키 3이 있는 노드 끝에 추가되고 끝납니다. 키 5가 삽입되면 키 4 뒤에 키 5가 추가됩니다. 최대 키 개수를 넘겼군요. 노드에서 가운데 키 값인 4가 부모 노드로 올라가 키 2 뒤에 삽입됩니다. 키 3은 키 4의 왼쪽 자식이 되고, 키 5는 키 4의 오른쪽 자식이 됩니다. 데이터가 계속 추가되어 부모 노드까지 최대 키 개수를 넘기면 어떻게 될까요? 그때는 부모 노드도 연쇄적으로 split 연산을 하면 됩니다. 그렇게 되면 트리 높이가 하나 더 늘어나게 되겠지요.

이번에는 삭제를 알아보겠습니다. B 트리에서 키 삭제는 항상 리프 노드에서 진행합니다. 리프 노드가 아닌 노드에서 키를 삭제해야 한다면 대체 키를 바꾼 후 삭제를 진행합니다.

다음 그림에서 키 6을 삭제한다고 합시다.

▼ 그림 10-8 delete 1

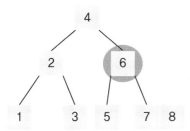

그림 10-8에서 키 6이 있는 노드는 리프 노드가 아니므로 대체 키를 찾아야 합니다. 대체 키는 왼쪽 서브 트리에서 가장 큰 키인 5가 됩니다. 키 5보다 큰 키가 있다면 그 키가 대체 키가 됩니다.

그러면 다음 그림과 같이 대체 키 5와 키 6을 바꾸어 주게 됩니다.

▼ 그림 10-9 donate 1

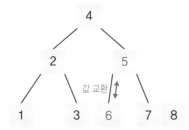

이런 교환은 BST에서 자식 노드가 둘이 있을 때 하는 삭제와 비슷한 점이 많지요. BST에서도 대체 노드를 찾기 위해 왼쪽 서브 트리에서 가장 큰 노드를 찾았습니다. 이제 키 6이 있는 리프 노드에서 키 6을 삭제하면 됩니다. 이 노드에 다른 키가 있었다면 여기서 알고리즘은 종료될 것입니다. 그런데 이번 예제에서는 문제가 생겼습니다. 키가 하나밖에 없어서 키 6을 지우면 노드가 사라집니다. m=3인 2-3 트리의 서브 트리는 최소한 두 개 있어야 합니다. 리프 노드가 사라지면서 키 5를 가진 노드의 서브 트리가 한 개가 되었습니다. B 트리의 특성이 깨진 것이지요.

그림 10-10을 보면 키 5가 있는 노드의 왼쪽 서브 트리가 비어 있습니다.

♥ 그림 10-10 delete 2

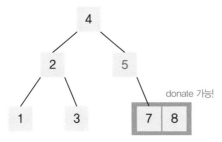

이때는 donate라는 회전 연산을 해야 합니다. 먼저 왼쪽이나 오른쪽 형제 노드에 노드의 최소 키 개수를 충족한 후 남는 키가 있는지 질의합니다. 2-3 트리에서 한 노드의 최소 키 개수는 1입니 다. 빈 노드의 오른쪽 서브 트리를 보니 키가 7과 8 두 개가 있으므로 최소 키 개수 한 개를 빼도 한 개가 남습니다. 이때는 빈 노드로 donate할 수 있습니다. 하지만 노드의 가장 작은 키 7을 빈 노드로 바로 줄 수는 없습니다. 그렇게 하면 부모 노드의 키 5보다 왼쪽 서브 트리의 키 7이 더 커 집니다.

이때는 회전 연산을 해야 합니다. 다음 그림과 같이 부모 노드의 키 5가 왼쪽 서브 트리로 가고 7이 부모 노드로 가야 하죠.

♥ 그림 10-11 donate 2

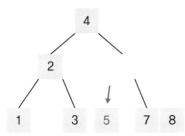

그림 10-11을 보면 먼저 새로운 노드를 생성한 후 키 5가 왼쪽 서브 트리로 내려옵니다. 그럼 부 모 노드가 비게 됩니다. 이제 키 7이 부모 노드에 가면 됩니다. 마치 반시계 방향으로 회전하는 것 같군요.

그다음은 어떻게 될까요? 다음 그림으로 확인해 봅시다.

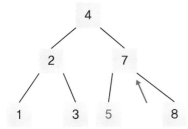

♥ 그림 10-12 donate 3

그림 10-12를 보면 키 7이 부모 노드로 가서 donate 연산이 종료됩니다. 모든 리프 노드는 같은 레벨에 있고, 어떤 노드를 기준으로 해도 왼쪽 서브 트리의 모든 키 값은 현재 노드보다 작고 오른쪽 서브 트리의 모든 키 값은 현재 노드보다 큽니다. 그리고 노드의 서브 트리 개수가 2 이상이어야 한다는 특징도 잘 유지하고 있군요.

그림 10-13에 표시된 키 5를 삭제해 보겠습니다.

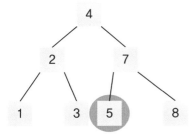

♥ 그림 10-13 merge 1

그림 10-14에서 키 5는 리프 노드에 있으므로 키 5를 삭제합니다.

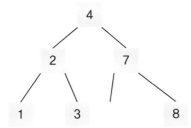

♥ 그림 10-14 merge 2

10

다양한 트리 3: B 트리

173

그림 10-14를 보면 노드에 키가 하나밖에 없기 때문에 키 5를 삭제하고 나면 노드도 삭제됩니다. 2-3 트리에서 모든 노드는 서브 트리를 최소한 두 개 가지고 있어야 합니다. 키 7을 가진 노드의 서브 트리는 한 개이군요. B 트리의 특성이 깨졌으므로 뭔가 조치가 필요합니다.

오른쪽 형제 노드에 donate 연산이 가능한지 질의합니다. 그런데 이 노드에도 키가 하나밖에 없습니다. donate를 할 수 없습니다. 어떻게 해야 할까요? 이때는 merge 연산을 해야 합니다.

merge 연산은 부모에 있는 키 하나가 왼쪽 자식 노드와 오른쪽 자식 노드의 가운데로 삽입되며 노드가 병합되는 것입니다. 다음 그림을 봅시다.

❤ 그림 10-15 merge 3

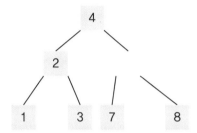

그림 10-15를 보면 먼저 부모 노드의 키 7이 왼쪽 자식 노드 끝에 추가됩니다. 왼쪽 서브 노드가 비어 있으므로 키 7이 붙으면 키 7만 있는 노드가 생성됩니다. 그림 10-15에서 이 과정을 볼 수 있습니다.

이제 키 7만 있는 왼쪽 자식 노드에 부모 노드가 병합될 차례입니다만 부모 노드는 비어 있지요. 다음 그림과 같이 빈 노드를 병합한 후 키 8만 있는 오른쪽 자식 노드를 병합합니다.

❤ 그림 10-16 merge 4

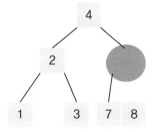

그림 10-16을 보면 키 8을 가진 노드가 키 7을 가진 노드에 병합된 모습을 볼 수 있습니다. 그런데 부모 노드가 빈 노드입니다. 빈 노드는 왼쪽 노드에 donate 연산이 가능한지 질의합니다. 형제 노드도 키가 하나밖에 없군요. 다시 merge 연산을 해야만 합니다.

다음 그림과 같이 부모 노드의 키 4가 키 2를 가진 노드의 마지막에 삽입됩니다.

▼ 그림 10-17 merge 5

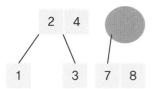

그림 10-17은 부모 노드에 있던 키 4가 키 2를 가진 왼쪽 자식 노드의 끝에 추가된 모습입니다. 이제 오른쪽 자식 노드를 병합하면 됩니다. 오른쪽 노드는 빈 노드이군요. 빈 노드가 병합되면서 키 2와 키 4가 있는 노드의 맨 마지막 자식 참조가 키 7과 키 8이 있는 노드를 가리키게 됩니다.

▼ 그림 10-18 merge 6

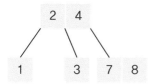

그림 10-18은 merge 연산이 완료된 B 트리의 모습입니다. 키가 삭제되었을 때 B 트리의 특징을 어겼다면 만족할 때까지 루트를 따라가면서 donate나 merge 연산을 연속적으로 수행하면 됩니다. 또 한 가지 중요한 점은 merge 연산의 결과로 트리 높이가 하나 줄 수 있다는 것입니다. 이번 예제에서도 높이가 3이었는데, 최종적으로 2가 되었습니다.

이로써 B 트리에서 삽입과 삭제를 모두 이야기했습니다. 다음 절에서는 B+ 트리를 간단히 짚어보겠습니다.

DATA STRUCTURES

10.5 B+ 트리

B+ 트리는 B 트리의 변형으로 실제 데이터베이스는 B+ 트리로 구현된 경우가 많습니다. B+ 트리의 삽입, 탐색, 삭제는 B 트리와 매우 유사하므로, 이 절에서는 단순히 B+ 트리가 B 트리와 무엇이 다른지 그 구조만 살펴보고 마치겠습니다.

B+ 트리를 그림으로 먼저 살펴봅시다.

▼ 그림 10-19 B+ 트리

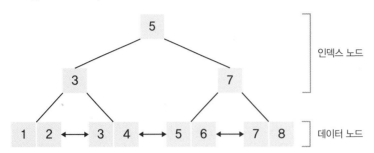

그림 10-19는 B+ 트리입니다. B 트리와 거의 같습니다. 다른 점만 정리해 볼까요?

1. 노드는 인덱스 노드(index node)와 리프 노드인 데이터 노드(data node)로 구성됩니다. B 트리는 모든 노드 안에 있는 키 바로 옆에 테이블의 레코드를 참조하는 레코드 포인터가 있었습니다. 하지만 B+ 트리에서 인덱스 노드에는 레코드 포인터가 없고 다른 인덱스 노드나 데이터 노드에 대한 참조만 있습니다.

2. 모든 레코드 포인터는 데이터 노드에 있습니다. 실제 데이터를 가리키고 있기 때문에 데이터 노드입니다. 가장 중요한 점은 데이터 노드에 모든 키가 다 있다는 것입니다. B 트리와 비교해 보세요. 루트 노드에 있는 키 5도 세 번째 데이터 노드에 있고, 키 3도 키 3이 있는 노드의 오른쪽 자식 노드에 있습니다. 키 7도 키 7이 있는 노드의 오른쪽 자식 노드에 있습니다. 이렇게 인덱스 노드에 있는 모든 키는 데이터 노드에 있습니다. 하지만 인덱스 노드에서는 키의 중복이 없습니다. 어떤 규칙에 따라 인덱스 노드의 키들이 데이터 노드에서 중복해서 나타날까요? 조금만 살펴보면 그 키의 오른쪽 서브 트리에서 가장 작은 키가 있어야 할 곳에 해당 키가 중복되어 나타납니다. 루트 노드에 있는 키 5를 보면 오른쪽 자식 노드인 키 7을 가진 노드의 왼쪽 자식 노드의 첫 번째 키가 5입니다. 오른쪽 서브 트리에서 가장 작은 키가 들어갈 위치이지요. 모든 인덱스 노드의 키들도 이런 규칙에 따라 데이터 노드에 중복하여 나타납니다.

3. 데이터 노드들은 이중 연결 리스트로 연결되어 있습니다. 그림 10-19에서도 화살표를 통해 모든 데이터 노드가 연결 리스트로 연결된 모습을 볼 수 있습니다.

이로써 B 트리와 B+ 트리를 모두 알아보았습니다. 이전 절에서 테이블에서 PRIMARY KEY에 대해서 B 트리로 만들어진 인덱스가 자동 생성되는 것을 살펴보았습니다. 이번에는 다른 컬럼에 대한 인덱스를 만들어 보겠습니다.

10.6 B 트리로 인덱스 만들기

데이터베이스에서 테이블을 만들면 자동으로 B+ 트리로 구성된 인덱스가 생성됩니다. SELECT 구문에서 WHERE 절은 B 트리에서 키를 탐색하는 데 사용합니다.

코드 10-7은 example 테이블에서 ID가 2인 데이터를 탐색하는 SQL입니다.

코드 10-7

```
MariaDB [mydb]> SELECT * FROM example
    -> WHERE ID = 2;
+----+--------+
| ID | name   |
+----+--------+
|  2 | 이순신 |
+----+--------+
```

코드 10-7을 보면 SELECT 문에 WHERE 절이 보이는데, 여기에 조건으로 있는 ID가 B 트리의 키입니다. 레코드가 꽤 많아도 B 트리가 가지는 장점들 때문에 굉장히 빠른 속도로 탐색 가능합니다. 인덱스가 없었다면 선형 탐색을 하게 되어 굉장히 오랜 시간이 걸릴 것입니다.

그런데 갑자기 이름을 탐색해야 하는 상황이 왔다고 합시다. 레코드는 1만 개 정도 된다고 하죠. 그렇다면 모든 레코드에서 선형 탐색을 해야 하니 O(n)이 걸릴 것입니다. 게다가 레코드를 하드디스크에서 가져와야 하지요. 이름에서도 B 트리를 만들어 검색 속도를 향상시킬 수 없을까요? 있습니다. 이름에 대해서 인덱스를 생성하면 됩니다. 그럼 이름을 키로 B 트리를 구성합니다.

코드 10-8은 인덱스를 생성하는 SQL입니다.

코드 10-8

```
MariaDB [mydb]> CREATE INDEX idx_name
    -> ON example(name);
```

인덱스 idx_name을 테이블 example의 컬럼 name에 대해 생성한 것입니다. 이제 B 트리가 생성되었으니 탐색 속도는 놀랄 만큼 향상될 것입니다.

코드 10-9는 이름이 '이순신'인 데이터를 탐색하는 SQL입니다.

```
MariaDB [mydb]> SELECT * FROM example
    -> WHERE name LIKE '이순신';
+----+--------+
| ID | name   |
+----+--------+
|  2 | 이순신  |
+----+--------+
```

코드 10-9를 보면 WHERE 절에서 name을 사용하고 있지요. name에 대해 인덱스를 생성해 두었으므로 B+ 트리를 사용해서 탐색할 것입니다.

인덱스를 생성할 때는 유의 사항이 있습니다. 탐색 속도를 향상시킬 목적으로 생성한 인덱스를 더 이상 탐색할 필요가 없을 때는 반드시 삭제하는 것이 좋습니다. 인덱스는 B+ 트리를 구성합니다. 이 때문에 탐색 속도는 월등히 향상되지만, 레코드의 삽입과 삭제가 빈번히 일어나면 insert 연산의 split이나 delete 연산의 donate, merge 등이 발생하여 데이터베이스 성능을 크게 저하시킬 수 있습니다. 게다가 테이블 크기가 커지면 B+ 트리 자체의 크기도 커져 용량을 차지합니다. 물론 B+ 트리도 하드 디스크에 저장되므로 용량을 크게 신경 쓰지 않아도 된다고 생각할지 모르지만, 리소스가 낭비되는 것은 엄연한 사실입니다. 그러므로 인덱스를 더 이상 사용하지 않을 때는 반드시 삭제해야 합니다.

이로써 8장부터 이어 온 트리 자료 구조 이야기를 모두 마쳤습니다. 트리 자료 구조는 삽입, 탐색, 삭제가 대체적으로 빠른 편입니다. 트리에 대한 튼튼한 지식을 바탕으로 앞으로 애플리케이션을 만들 때 성능에 신경 쓰면서 프로그래밍할 수 있을 것입니다. 다음 장에서는 또 다른 트리 구조인 힙과 힙을 활용한 우선순위 큐를 알아보겠습니다.

11 장

다양한 트리 4: 힙과 우선순위 큐

11.1 힙

11.2 우선순위 큐

이 장에서는 배열을 이용해서 완전 이진 트리를 구현한 힙을 알아보겠습니다. 힙은 힙 정렬과 우선순위 큐에 쓰는 자료 구조입니다.

11.1 힙

힙(heap)은 내부 표현이 동적 배열이며 완전 이진 트리입니다. 힙에는 최대 힙(max heap)과 최소 힙(min heap)이 있습니다. 최대 힙이란 최대 트리이면서 완전 이진 트리라는 의미입니다. 최대 트리(max tree)란 어떤 노드의 키가 자식의 키보다 작지 않은 트리를 의미합니다. 이 절에서는 최대 힙을 구현해 보겠습니다.

다음 그림을 봅시다.

▼ 그림 11-1 최대 힙

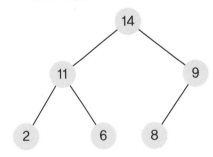

그림 11-1을 보면 최대 힙의 두 가지 특성을 확인할 수 있습니다.

1. 어떤 노드의 키가 자식 노드의 키보다 작지 않습니다.

$$parent.key \geq child.key$$

2. 완전 이진 트리입니다.

이 두 가지 특성은 힙의 구현에서 매우 중요하므로 꼭 기억해 두기 바랍니다.

힙은 배열로 구현한다고 했습니다. 트리를 배열로 구현하다니 신기하군요. 이는 완전 이진 트리이기 때문에 가능한 것입니다. 완전 이진 트리의 정의를 기억해 보세요. 트리 높이가 h일 때 h-1 레벨까지는 $2^{h-1}-1$의 노드를 가집니다. 레벨에 가능한 모든 노드가 있는 것이지요. 그리고 h 레벨에서는 왼쪽에서 오른쪽으로 노드가 생성됩니다. 이렇게 밀도가 높은 트리이니 배열에 모아 두기 좋습니다. 배열이니 지역성의 원리가 적용되어 캐시 히트의 확률도 그만큼 높아지겠군요.

힙은 배열에서 0번 인덱스를 사용하지 않고 1번 인덱스를 사용합니다(0번 인덱스를 사용하여 구현할 수도 있지만, 일반적으로는 1번 인덱스를 루트로 잡습니다).

그림으로 살펴보겠습니다. 다음 그림은 최대 힙의 키가 배열에 어떻게 삽입되는지 보여 줍니다.

❤ 그림 11-2 최대 힙의 배열 표현

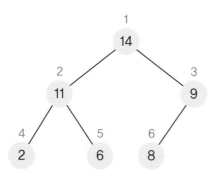

그림 11-2 노드 위 숫자는 배열의 인덱스를 의미합니다. 잘 살펴보면 아주 재미있는 사실을 알 수 있습니다. 부모의 인덱스는 자식 노드를 2로 나눈 값이 됩니다. 예를 들어 키 2의 부모 노드는 인덱스 4를 2로 나눈 인덱스에 있습니다. 키 9를 가진 노드의 인덱스는 3입니다. 이를 2로 나누면 1이 나옵니다. 인덱스 1은 키 9를 가진 노드의 부모입니다. 또 왼쪽 자식 노드의 인덱스는 부모 노드의 인덱스에 2를 곱하면 되고, 오른쪽 자식 노드의 인덱스는 부모 노드의 인덱스에 2를 곱하고 1을 더하면 됩니다.

$$index(parent) = \lfloor index(child) / 2 \rfloor$$
$$index(left\_child) = index(parent) * 2$$
$$index(right\_child) = index(parent) * 2 + 1$$

구현에서 중요한 멤버 하나를 더 소개하겠습니다. 힙에 저장된 키 개수를 heapsize 멤버에 담아 둘 것입니다. 배열의 1번 인덱스부터 키가 삽입되기 때문에 heapsize는 키 개수이기도 하지만 힙에 있는 마지막 키의 인덱스이기도 합니다. 힙의 추상 자료형을 기술해 보겠습니다.

MaxHeap

− Object

: 키 속성을 지닌 요소 집합

− Operation

1. h.is_empty( ) −⟩ Boolean

: 힙이 비어 있으면 TRUE, 아니면 FALSE 반환

2. h.is_full( ) −⟩ Boolean

: 힙이 가득 찼으면 TRUE, 아니면 FALSE 반환

3. h.push(element)

: 힙에 요소를 삽입

4. h.pop( ) −⟩ element

: 힙에서 최대 원소를 삭제하며 반환

이제 힙을 구현해 보겠습니다.[1]

코드 11-1

```python
class Element:
    def __init__(self, key):
        self.key = key


class MaxHeap:
    MAX_ELEMENTS = 100
    def __init__(self):
        self.arr = [None for i in range(self.MAX_ELEMENTS+1)]
        self.heapsize = 0

    def is_empty(self):
        if self.heapsize == 0:
            return True
        return False

    def is_full(self):
        if self.heapsize >= self.MAX_ELEMENTS:
            return True
        return False
```

---

1   코드 11-1~코드 11-5는 max_heap.py 파일에 있습니다.

코드 11-1을 보면 힙에 저장할 요소를 Element 클래스로 정의했습니다. 멤버로 키만 있는데 여기에 data 멤버를 추가하면 실제 저장하려는 데이터를 참조할 수 있겠군요. MaxHeap 클래스의 인스턴스는 실제로 요소를 저장할 배열과 힙의 크기를 저장할 heapsize를 멤버로 가집니다. 이번 예제에서는 힙의 크기를 최대 MAX_ELEMENTS로 제한하고 있지만, 실제 구현에서는 힙이 가득 찼을 때 크기를 2배 늘려 가며 계속 요소를 저장하면 될 것입니다. is_empty()와 is_full() 메서드의 구현은 heapsize를 이용하면 매우 쉽게 구현할 수 있지요.

다음으로 편의 함수 세 개를 정의하겠습니다.

코드 11-2

```python
def parent(self, idx):
    return idx >> 1

def left(self, idx):
    return idx << 1

def right(self, idx):
    return (idx << 1) + 1
```

코드 11-2를 보면, 인덱스를 매개변수로 받아 그 노드의 부모 노드의 인덱스를 반환하는 parent() 메서드, 왼쪽 자식을 반환하는 left() 메서드, 오른쪽 자식을 반환하는 right() 메서드입니다. 함수 구현에서 비트 연산자를 사용했습니다. parent에서 idx>>1 대신에 idx//2로 하고, left에서 idx<<1 대신에 idx*2를 해도 됩니다. 하지만 그렇게 나눗셈이나 곱셈 연산을 하게 되면 4바이트 정수 연산은 내부적으로 시프트 연산 32번과 덧셈 연산을 수행해야만 합니다. 하지만 2의 승수를 계산할 때는 단순히 비트 연산자를 사용하면 내부적으로 시프트 연산을 한 번만 하면 되기 때문에 매우 빠릅니다. (자세한 설명은 하드웨어 아키텍처에 관한 내용이므로 이 책 범위를 벗어납니다. 2의 승수를 계산할 때는 비트 연산자를 이용하는 것이 빠르다는 정도만 기억해 두면 됩니다.)

이제 핵심 알고리즘인 push 연산 알고리즘을 그림으로 알아볼까요? 다음 그림을 보세요.

▼ 그림 11-3 push 1

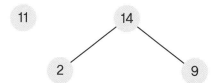

그림 11-3에서 새로운 키 11이 삽입된다고 하겠습니다. 제일 먼저 할 일은 이 키를 삽입했을 때 최대 힙의 두 번째 특성인 완전 이진 트리의 특징을 만족하도록 만들어야 합니다. 그렇다면 이 키를 어디에 삽입하면 될까요? 키 2를 가진 노드의 왼쪽 자식으로 만들면 됩니다.

그림으로 살펴봅시다.

❤ 그림 11-4 push 2

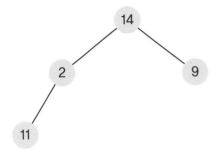

그림 11-4를 보면, 키 11을 키 2의 왼쪽 자식으로 만들면 완전 이진 트리를 유지할 수 있습니다. 다음으로 최대 힙의 첫 번째 특성을 만족시켜야 합니다. 키 11을 보면 부모 노드의 키 2보다 크군요. 최대 힙 특성이 깨져 있습니다. 어떻게 하면 될까요? 키 11을 부모의 키와 비교하여 크다면 서로 바꾸어 주면 됩니다. 그리고 부모의 키보다 작거나 같다면 거기에서 멈춥니다. 그럼 최대 힙 특성이 유지됩니다.

이 내용도 그림으로 살펴봅시다(그림 11-5).

❤ 그림 11-5 push 3

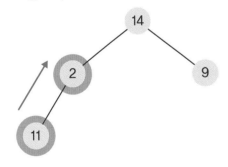

그림 11-5에서 키 11과 키 2를 비교합니다. 키 11이 더 크므로 두 노드의 키를 교환해 주면 되겠군요. 그림 11-6과 같이 키 11과 키 2를 교환했습니다.

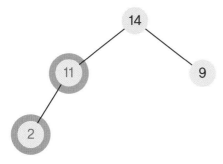

하지만 여기서 끝나면 안 됩니다.

다음 그림과 같이 키 11이 부모의 키보다 작거나 같을 때까지 계속 부모 노드의 키와 비교해야 합니다.

❤ 그림 11-7 push 5

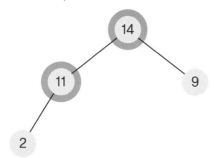

그림 11-7을 보면 키 11의 부모 노드의 키가 14이므로 키 11보다 큽니다. 그러므로 최대 힙 특성을 만족합니다. 모든 조건을 충족시켰으므로 알고리즘을 종료합니다.

코드로 구현해 보겠습니다.

코드 11-3

```
def push(self, item):
    if self.is_full():
        raise IndexError("the heap is full!!")

    # 완전 이진 트리를 유지하기 위해
    # 마지막 원소의 다음 인덱스
    self.heapsize += 1
```

```
        cur_idx = self.heapsize

        # cur_idx가 루트가 아니고
        # item의 key가 cur_idx 부모의 키보다 크면
        while cur_idx != 1 and item.key > self.arr[self.parent(cur_idx)].key:
            self.arr[cur_idx] = self.arr[self.parent(cur_idx)]
            cur_idx = self.parent(cur_idx)
        self.arr[cur_idx] = item
```

코드 11-3은 push 메서드를 구현한 것입니다. 완전 이진 트리를 유지하고자 heapsize를 이용하고 아이템의 키와 부모의 키 값을 비교해서 위치를 찾게 됩니다. 그림 11-7과 비교하면 쉽게 이해할 수 있을 것입니다.

이제 **pop 연산**을 알아보겠습니다. 최대 힙은 pop 연산에서 힙에서 가장 큰 키를 가진 요소를 삭제하며 반환합니다. 힙에서 가장 큰 키는 루트 노드에 있지요.

다음 그림을 봅시다.

❤ 그림 11-8 pop 1

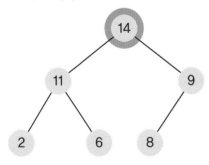

그림 11-8에서 pop을 할 때는 무조건 루트 노드의 요소를 삭제하며 반환합니다. 루트의 인덱스는 1이므로 arr[1] 값을 따로 저장해 두었다가 반환하면 되겠군요. 문제는 그다음입니다. 루트의 키를 삭제했으니 최대 힙 특성이 깨졌습니다.

그림으로 확인해 봅시다.

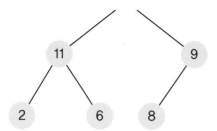

그림 11-9는 최대 키를 삭제하면서 최대 힙 특성이 깨진 것을 보여 줍니다. 그렇다면 최대 힙 특성을 다시 만족시키도록 만들면 되겠군요. 먼저 최대 힙의 두 번째 특성인 완전 이진 트리를 만족시키도록 트리를 재배치해 봅시다. 힙의 마지막 요소인 키 8을 루트 노드로 만들면 완전 이진 트리를 만족하겠군요.

그림 11-10을 보면 힙의 마지막 요소를 루트 노드로 만들었습니다.

❤ 그림 11-10 pop 3

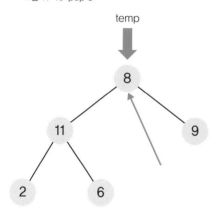

temp

완전 이진 트리가 되었으므로 두 번째 힙 특성을 만족하게 되었습니다. 이제 최대 힙의 첫 번째 특성만 만족하면 됩니다. 그림을 보면 마지막 요소를 temp를 이용해서 가리키고 있습니다. 그런데 temp의 두 자식 노드 모두 키가 8보다 크군요. 뭔가 조치를 취해야 합니다. 이때는 자식 노드 중 키가 더 큰 노드를 선택해서 부모 노드와 바꾸어 주면 됩니다. 그 후 이런 과정을 temp가 최대 힙 특성을 만족하거나 힙의 끝에 도달할 때까지 계속합니다.

이 과정 역시 그림으로 확인해 보겠습니다. 그림 11-11을 보면 키 11과 키 9 중 큰 키를 가진 노드를 선택해야 합니다.

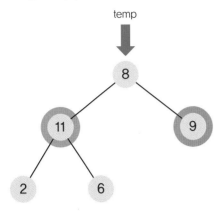

그림 11-12에서 두 자식 노드 중 키가 큰 노드를 선택해서 바꾸어 줍니다.

❤ 그림 11-12 pop 5

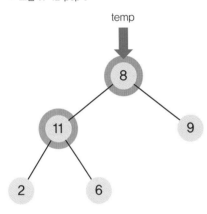

그림 11-13에서 temp와 자식을 바꾼 후 temp가 바꾼 자식을 가리키게 합니다.

❤ 그림 11-13 pop 6

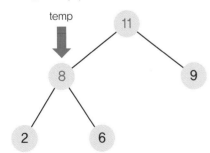

이런 과정을 최대 힙의 첫 번째 특성을 만족할 때까지 계속합니다.

그림 11-14에서 temp의 두 자식 노드 중 키가 큰 노드를 선택합니다.

✔ 그림 11-14 pop 7

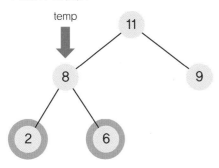

그림 11-15를 보면 temp와 temp의 키가 큰 자식 노드를 비교하니 temp의 키가 더 큽니다. 이제 최대 힙의 첫 번째 특성이 만족되었으므로 알고리즘을 종료합니다.

✔ 그림 11-15 pop 8

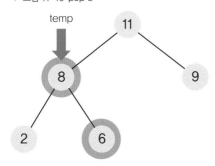

코드로 확인해 볼까요?

코드 11-4

```
def pop(self):
    if self.is_empty():
        return None

    rem_elem = self.arr[1] ······ 삭제된 후 반환될 원소

    temp = self.arr[self.heapsize] ·····┐ 맨 마지막에 위치한 원소를 받아 온 후 힙 사이즈를
    self.heapsize -= 1              ·····┘ 줄이면 완전 이진 트리 특성을 유지할 수 있습니다.
```

```
        cur_idx = 1 ······ 루트에서 시작
        child = self.left(cur_idx) ······ 루트의 왼쪽 자식

        while child <= self.heapsize: ······ child > heapsize면 arr[cur_idx]는 리프 노드입니다.
            if child < self.heapsize and \
                self.arr[self.left(cur_idx)].key <            오른쪽 자식이 있고 오른쪽 자식의 키가 왼쪽
                self.arr[self.right(cur_idx)].key:           자식의 키보다 크면 child를 오른쪽 자식으로
                child = self.right(cur_idx)

            if temp.key >= self.arr[child].key:    ······ 최대 힙 특성을 만족하면 반복문을 나옵니다.
                break

            self.arr[cur_idx] = self.arr[child] ···   키가 큰 자식 원소를 부모로 이동시킵니다.
            cur_idx = child                           cur_idx는 자식 원소로 이동합니다.
            child = self.left(cur_idx)

        self.arr[cur_idx] = temp

        return rem_elem
```

코드 11-4는 pop() 메서드를 구현한 것입니다. 루트에 있는 키를 반환하고 빈 루트에 트리의 맨 마지막 원소를 임시로 올립니다. 자식 노드의 키 값과 비교하며 자신의 위치를 찾아갑니다. 알고 리즘의 작동 방식을 그림과 비교해 보시기 바랍니다.

이제 테스트 코드로 잘 작동하는지 확인해 보겠습니다.

코드 11-5

```
# 힙 내부에 있는 arr을
# 직접 확인하는 함수
def print_heap(h):
    for i in range(1, h.heapsize+1):
        print("{}".format(h.arr[i].key), end="  ")
    print()


if __name__ == "__main__":
    h = MaxHeap()

    h.push(Element(2))
    h.push(Element(14))
    h.push(Element(9))
```

```
    h.push(Element(11))
    h.push(Element(6))
    h.push(Element(8))

    print_heap(h)

    while not h.is_empty():
        rem = h.pop()
        print(f"poped item is {rem.key}")
        print_heap(h)
```

코드 11-5를 실행하면 다음 결과가 출력됩니다.

```
14  11  9  2  6  8
poped item is 14
11  8  9  2  6
poped item is 11
9  8  6  2
poped item is 9
8  2  6
poped item is 8
6  2
poped item is 6
2
poped item is 2
```

힙이 잘 작동하고 있습니다. 다음 절에서는 힙을 이용해서 우선순위 큐를 구현해 보겠습니다.

Tip ☆ **힙은 어디에 쓰나요?**

힙은 우선순위 큐를 구현하는 데 사용합니다. 우선순위 큐는 그래프 알고리즘을 구현하는 데 꼭 필요한 요소이지요.
가장 우선순위가 높은 일과를 뽑아 주는 애플리케이션을 작성하고 있다면 힙이 좋은 출발점이 될지도 모르겠군요.

11.2 우선순위 큐

우선순위 큐는 키를 가진 원소 집합을 위한 자료 구조로, 힙처럼 최대 우선순위 큐와 최소 우선순위 큐가 있습니다. 우선순위 큐는 이진 탐색 트리로도 구현할 수 있습니다. 이진 탐색 트리가 min과 max 연산, insert와 delete 연산을 지원하기 때문입니다. 하지만 우선순위 큐는 힙으로 구현하는 경우가 많습니다. 이 절에서는 파이썬이 제공하는 heapq 모듈을 이용해서 최소 우선순위 큐(min priority queue)를 구현해 보겠습니다. 그 전에 최소 우선순위 큐의 ADT를 기술해 보겠습니다.

MinPriorityQueue

- Object

: 키를 가진 원소 집합

- Operation

1. is_empty( ) -〉 Boolean

: 큐가 비어 있으면 TRUE, 아니면 FALSE 반환

2. push(item)

: 큐에 원소 item을 삽입

3. pop( ) -〉 element

: 큐에서 키 값이 가장 작은 요소를 삭제하며 반환

4. min( ) -〉 element

: 큐에서 키 값이 가장 작은 요소를 반환

5. decrease_key(item, new_key)

: 큐에 있는 요소 item의 키를 값이 줄어든 new_key 값으로 수정

최소 우선순위 큐에서 대부분의 연산을 최소 힙이 제공하는 연산으로 구현할 수 있지만 5번 연산인 decrease_key는 지금까지 공부한 내용으로는 아직 구현할 수 없습니다. 하지만 다음 장에서 알아볼 프림 알고리즘이나 데이크스트라 알고리즘에서 필요한 연산입니다. 이 절에서는 파이썬의 heapq 모듈을 이용한 구현에 좀 더 주력하고 decrease_key 연산은 프림 알고리즘을 공부할 때 구현하도록 하겠습니다.

파이썬의 heapq 모듈은 우선순위 큐를 구현하기 위한 힙의 구현을 제공합니다. 그 대신 최소 힙만 제공합니다. 또 인덱스를 1번부터 사용했던 이전 예제와는 달리 0번부터 시작합니다. 그래서 루트가 0번 인덱스이지요. 이 점만 유의하면 됩니다. 이번 예제에서는 요소 클래스 Element에 키와 함께 문자열 데이터를 담아 보겠습니다.

그럼 최소 우선순위 큐를 구현한 코드를 살펴보겠습니다.[2]

코드 11-6

```python
from heapq import heappush, heappop

class Element:
    def __init__(self, key, string):
        self.key = key
        self.data = string

class MinPriorityQueue:
    def __init__(self):
        self.heap = []

    def is_empty(self):
        if not self.heap:
            return True
        return False

    def push(self, item):
        heappush(self.heap, (item.key, item.data))

    def pop(self):
        return heappop(self.heap)

    def min(self):
        return self.heap[0]
```

코드 11-6은 최소 우선순위 큐를 구현한 것입니다. 두 가지만 살펴보겠습니다. 먼저 push() 메서드를 보면 키와 데이터를 튜플로 묶어 전달하는 것을 알 수 있습니다. 내부적으로는 튜플의 첫 번째 요소인 키를 기준으로 정렬합니다. 두 번째로 파이썬의 힙은 배열을 0번부터 시작하는군요.

이제 테스트 코드를 작성하고 잘 동작하는지 살펴봅시다.

---

2   코드 11-6~코드 11-7은 min_priority_queue.py 파일에 있습니다.

```python
if __name__ == "__main__":
    pq = MinPriorityQueue()

    pq.push(Element(2, "kim"))
    pq.push(Element(14, "park"))
    pq.push(Element(9, "choi"))
    pq.push(Element(11, "lee"))
    pq.push(Element(6, "yang"))
    pq.push(Element(8, "jang"))

    while not pq.is_empty():
        elem = pq.pop()
        print(f"key[{elem[0]}] : data[{elem[1]}]")
```

코드 11-7을 실행하면 다음 결과가 출력됩니다.

```
key[2] : data[kim]
key[6] : data[yang]
key[8] : data[jang]
key[9] : data[choi]
key[11] : data[lee]
key[14] : data[park]
```

실행 결과를 보면 잘 동작하는 것을 알 수 있습니다.

이 장에서는 힙과 우선순위 큐를 자세히 알아보았습니다. 이제 트리 이야기는 마무리하려고 합니다. 다음 장에서는 다시 그래프로 돌아가 다양한 그래프 알고리즘을 알아보겠습니다.

12^장

다양한 그래프
알고리즘 1 :
위상 정렬

12.1 위상 정렬

이 장부터는 그래프를 다양하게 활용하는 방법을 알아보겠습니다. 로봇 공학자들은 로봇이 최단 경로로 움직이길 원하기 때문에 최단 경로 알고리즘을 활용합니다. 지하철역을 어디에 설치할지 혹은 도시 간에 도로는 어디에 건설해야 할지를 정할 때는 최소 비용 신장 트리가 좋은 아이디어가 될 수 있을 것입니다. 여러 그래프 알고리즘 중 먼저 위상 정렬을 자세히 살펴봅시다.

12.1 위상 정렬

위상 정렬(topological sort)은 일반적으로 정렬하면 떠오르는 거품 정렬, 삽입 정렬, 선택 정렬, 힙 정렬, 퀵 정렬, 병합 정렬 등 비교 정렬(comparison sort)과는 다른 종류입니다. 위상 정렬은 사이클이 없는 방향 그래프(directed acyclic graph)에서 에지 ⟨u, v⟩가 E(G)에 속할 때 반드시 정점 u가 정점 v에 앞서게 출력되는 정점의 나열을 의미합니다. 많은 책에서 위상 정렬을 설명할 때 할 일 목록을 예로 많이 듭니다. 해야 할 일을 쪼개 놓은 것을 정점이라 하고, 방향 간선에서 꼬리에 먼저 할 일을 기술해 놓고 그다음에 할 일을 머리에 둔다면 위상 정렬로 헷갈리지 않고 해야 할 일의 목록을 나열할 수 있습니다.

다음 그림으로 살펴보겠습니다.

▼ 그림 12-1 DAG

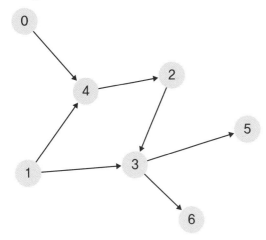

해야 할 일을 순서에 상관없이 그리다 보니 그림 12-1과 같아졌다고 합시다. 이래서는 차례대로 어떤 일부터 해야 할지 잘 모르겠습니다. 이때 이 정점 순서를 간선 방향이 왼쪽에서 오른쪽으로만 이어지도록 나열하는 것을 위상 정렬이라고 합니다. 그림을 보면 이 그래프에는 특징이 몇 가지 있습니다. 먼저 방향 그래프고, 방향을 따라 정점을 이동했을 때 다시 자신에게 돌아오는 사이클이 존재하지 않습니다. 무방향 그래프와 달리 방향 그래프는 꼬리에서 머리로만 이동이 가능하기 때문에 4->2->3->1처럼 언뜻 보기에 사이클 같아 보이지만, 실제로 따라가 보면 움직일 수 없게 됩니다. 이처럼 방향 그래프이자 사이클이 없는 그래프를 DAG라고 합니다. 다른 특징으로는 그림 12-1의 그래프를 위상 정렬했을 때 정렬된 정점 순서가 유일하지 않습니다.

그림을 봅시다.

▼ 그림 12-2 여러 가지 DAG

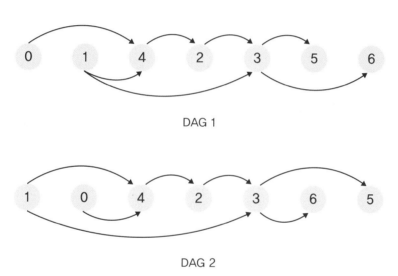

DAG 1

DAG 2

그림 12-2를 보면 같은 그래프이지만 나열 순서가 다르지요. 그림 12-2에서 유의해서 볼 점은 모든 간선의 방향이 왼쪽에서 오른쪽이라는 것입니다. 오른쪽에서 왼쪽으로 오는 에지가 있다면 그것은 사이클이 있다는 것입니다.

위상 정렬을 구현해 보겠습니다. 먼저 그래프 표현부터 볼까요?[1]

---

1 12장 전체 코드는 topological_sort.py 파일에 있습니다.

```
class DAG:
    def __init__(self, vertex_num):
        self.adj_list = [[] for _ in range(vertex_num)]
        self.visited = [False for _ in range(vertex_num)]

    def add_edge(self, u, v):
        # u: tail, v: head
        self.adj_list[u].append(v)
```

코드 12-1은 DAG에 사용할 그래프입니다. 내부 표현은 인접 리스트를 이용할 것입니다. add_edge() 메서드를 보면 방향 그래프이므로 u가 꼬리, v가 머리입니다.

이제 위상 정렬을 담당하는 메서드를 보죠.

```
def topological_sort(self):
    self.init_visited()
    ts_list = []
    for i in range(len(self.visited)):
        if not self.visited[i]:
            self.dfs(i, ts_list)
    ts_list.reverse()
    return ts_list
```

코드 12-2를 보면 topological_sort() 메서드가 위상 정렬을 담당합니다. 생긴 모양새는 이전에 구현했던 dfs_all과 비슷합니다. 그런데 한 가지 ts_list라는 리스트가 있군요. 게다가 반환하기 전에는 reverse()까지 호출합니다. 이 ts_list는 어떤 역할을 할까요?

topological_sort에서 사용하는 init_visited와 dfs를 코드로 본 후 그림으로 작동 방식을 알아보겠습니다.

```
def init_visited(self):
    for i in range(len(self.visited)):
        self.visited[i] = False

def dfs(self, v, ts_list):
    self.visited[v] = True
```

```
        adj_v = self.adj_list[v]
        for u in adj_v:
            if not self.visited[u]:
                self.dfs(u, ts_list)

        ts_list.append(v)
```

코드 12-3에서 dfs( ) 메서드를 보면 마지막 라인에 있는 ts_list.append( ) 코드만 빼고는 일반적인 dfs와 같습니다. 이 코드가 어떻게 작동하는지 그림 12-3으로 살펴보죠.

▼ 그림 12-3 위상 정렬 1

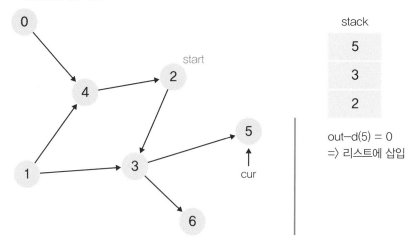

임의의 한 노드 2에서 시작했다고 하겠습니다. 그럼 dfs( )로 스택 프레임은 오른쪽 그림과 같이 쌓여 있을 것입니다. 그림은 단순화하고자 함수 이름은 생략했습니다. 함수 이름은 당연히 dfs입니다. 이때 노드 5에서 보니 진출 차수가 없습니다. 즉, 5번 일이 맨 마지막에 할 일이라는 것입니다. 이때 ts_list에 노드를 삽입합니다.

다시 그림을 살펴볼까요?

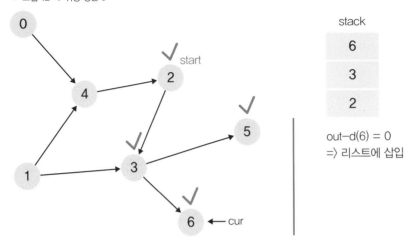

stack

6
3
2

out-d(6) = 0
=> 리스트에 삽입

그림 12-4를 보면 dfs(3)의 스택 프레임에서 아직 가 보지 않은 정점 6이 있으므로 노드 6의 스택 프레임이 쌓일 것입니다. 이때 6에서도 진출 차수가 0이군요. 즉, 마지막 할 일입니다. 지금까지 ts_list에 출력된 정점은 두 개입니다. ts_list=[5, 6]입니다. 스택 프레임이 dfs(3)으로 돌아왔을 때를 보면, 이제 adj[3]={5, 6}을 모두 순회했으므로 dfs 메서드 내에서 ts_list.append()를 만납니다. 이제 ts_list=[5, 6, 3]이 됩니다. 스택 프레임 dfs(2)도 마찬가지입니다. 이제 ts_list=[5, 6, 3, 2]입니다. 다음으로 방문하지 않은 노드 중 임의의 노드를 선택합니다.

이번에는 1을 선택해 볼까요? 3은 방문했으니 남은 4를 방문한 상태가 다음 그림입니다.

❤ 그림 12-5 위상 정렬 2

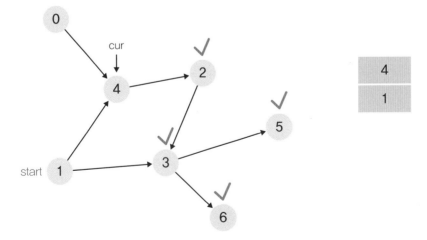

4
1

그림 12-5에서 dfs(4) 스택 프레임에서 adj[4]={2}인데 2는 이미 방문했습니다. 그러므로 4도 ts_list에 append합니다. dfs(1)도 마찬가지이므로 3과 4를 이미 방문해서 ts_list에 추가하며 끝날 것입니다. ts_list={5, 6, 3, 2, 4, 1}입니다. 이제 방문하지 않은 노드는 0뿐입니다. dfs(0)에서 ts_list에 노드 0을 추가합니다. topological_sort에서 각 정점에 대해 모두 방문했으니 ts_list를 reverse로 바꾸어 줍니다. ts_list={0, 1, 4, 2, 3, 6, 5}가 될 것입니다. 위상 정렬된 결과이지요. 리스트 대신에 연결 리스트를 만들고 맨 앞에 노드를 추가하면 reverse 연산은 하지 않아도 됩니다.

이제 테스트 코드를 작성하고 실행해서 결과를 보겠습니다.

코드 12-4

```python
if __name__ == "__main__":
    d = DAG(7)
    d.add_edge(0, 4)
    d.add_edge(1, 3)
    d.add_edge(1, 4)
    d.add_edge(2, 3)
    d.add_edge(3, 5)
    d.add_edge(3, 6)
    d.add_edge(4, 2)

    ts_list = d.topological_sort()

    for i in ts_list:
        print(i, end="  ")
```

코드 12-4의 그래프 d는 지금까지 살펴본 그림 속 예제입니다. 그래프를 만들고 topological_sort() 메서드를 호출하여 위상 정렬을 한 후 출력해 보면 다음 실행 결과를 얻을 수 있습니다.

```
1  0  4  2  3  6  5
```

> Tip 🖋 **위상 정렬은 어디에 쓰나요?**
>
> 위상 정렬을 쓰는 곳을 찾다 보니 위키백과에서 재미있는 쓰임새를 발견했습니다. 스프레드시트에서 어떤 셀 값이 변경되었을 때 이 값에 의존하는 모든 셀 값을 업데이트할 수 있는데, 이때도 위상 정렬이 쓰인다고 합니다. 신기하네요.

다음 장에서는 그래프 알고리즘 중에서 중요한 위치를 차지하는 최소 비용 신장 트리를 알아보겠습니다.

13^장

다양한 그래프 알고리즘 2 : 최소 비용 신장 트리

13.1 탐욕 알고리즘

13.2 크루스칼 알고리즘

13.3 프림 알고리즘

그래프 용어를 정리하면서 신장 부분 그래프(spanning subgraph)를 알아본 적이 있습니다. 이 신장 그래프에서 이 그래프가 트리라면, 다시 말해 사이클이 없는 연결된 그래프라면 이를 신장 트리(spanning tree)라고 합니다. 어떤 그래프가 무방향 그래프(undirected graph)이며 가중치 그래프(weighted graph)라고 합시다. 그래프의 에지에 있는 가중치는 현실 세계에서 비용을 의미합니다. 예를 들어 도로를 건설하는 데 드는 비용이나 어느 도시에서 다른 도시까지 가는 교통비가 될 수도 있습니다. 이 그래프를 신장 트리로 만들려고 합니다. 연결성은 유지하면서 에지의 가중치 합을 최소한으로 만들고 싶습니다.

$$\sum_{e \in E(T)} w(e)$$

이 식을 최소로 만들고 싶다는 것이죠. 이런 신장 트리를 최소 비용 신장 트리(Minimum cost Spanning Tree), 줄여서 MST라고 합니다. 이 절에서는 MST를 만드는 알고리즘 중 두 가지를 알아보려고 합니다. 크루스칼 알고리즘과 프림 알고리즘입니다.

13.1 / 탐욕 알고리즘

크루스칼 알고리즘이나 프림 알고리즘 모두 탐욕 알고리즘(greedy algorithm)의 한 종류입니다. 이 절에서 탐욕 알고리즘을 간단히 다루어 보겠습니다. 크루스칼과 프림, 다음 장에서 다룰 데이크스트라 모두 탐욕 알고리즘 기반입니다.

탐욕 알고리즘을 간략히 정의하면, 매 단계마다 항상 최선일 것 같은 선택을 하면 전체적으로도 최선의 선택을 하게 된다는 알고리즘입니다. 지역 최적해(locally optimal solution)를 합쳐 나가면 전역 최적해(globally optimal solution)에 도달한다는 것입니다. 탐욕 알고리즘은 성능이 매우 뛰어나지만 항상 옳은 해를 주지는 못하고 두 가지 제약 조건을 만족해야만 사용할 수 있습니다. 따라서 탐욕 알고리즘을 적용하려면 이 두 가지 제약 조건을 반드시 먼저 검증하고 사용해야 합니다. 이 두 가지 제약 조건을 탐욕 특성(greedy properties)이라고 합니다.

1. **최적 부분 구조**(optimal substructure): 어떤 전체 문제에 대한 최적해는 부분 문제(subproblem)에 대한 최적해를 포함하고 있습니다.

2. **탐욕 선택 특성**(greedy choice property): 부분적으로 최적의 선택을 계속하면 전역적으로 최적해에 도달할 수 있습니다.

우리가 알아보려는 MST 알고리즘은 모두 이 탐욕 특성을 만족합니다.

그럼 크루스칼 알고리즘과 프림 알고리즘이 모두 기반으로 하는 탐욕 선택 특성인 컷 프로퍼티(cut property)를 알아보겠습니다. 사고를 조금 단순화하고자 한 가지 가정을 하겠습니다. 모든 에지 가중치가 서로 다르다는 가정을 하죠. 이는 우리가 구하는 최소 비용 신장 트리가 유일하다는 의미입니다. 컷(cut)은 그래프의 모든 정점 집합 V(G)를 공집합이 아닌 두 집합으로 나눈 것입니다. 그 한 집합을 S⊆V라고 하면 다른 한 집합은 V-S가 될 것입니다.

그림을 볼까요?

▼ 그림 13-1 컷

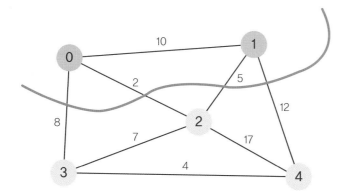

그림 13-1은 컷을 나타낸 것입니다. S={0, 1}이라고 한다면 V-S={2, 3, 4}가 되겠군요. 이때 이 컷을 가로지르는 에지를 횡단 에지(crossing edge)라고 하겠습니다.

그림 13-2는 횡단 에지입니다.

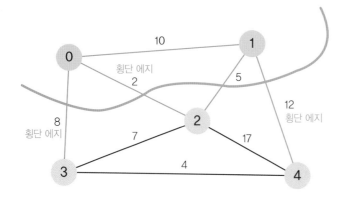

횡단 에지란 컷 사이를 횡단하는 에지들이지요. 이 횡단 에지 중 가중치가 가장 작은 에지 e는 반드시 MST의 에지가 됩니다.

> 컷 프로퍼티(cut property)
> : 컷 cut(S, V−S)에서
> 에지 e = (u, v)의 가중치 weight(u, v)가 가장 작다면
> (여기서 u는 S의 원소, v는 V−S의 원소)
> 에지 e는 E(T)의 원소
> (여기서 T는 그래프 G의 MST)

여기서 증명하지 않겠지만 직관적으로도 분명히 알 수 있는 사실입니다. 그렇다면 탐욕 알고리즘으로 최소 비용 신장 트리를 구할 수 있다는 의미입니다. MST를 구할 때 관심 있는 것은 최소 비용 신장 트리 T의 새로운 정점 집합 V(T)는 아닙니다. 정의를 보면 V(G)=V(T)이기 때문입니다. 유일한 관심사는 바로 E(T)입니다. 탐욕 알고리즘을 적용하면 가장 일반적인 MST 알고리즘을 구할 수 있습니다.

1. 에지 집합 E의 어떤 원소도 가로지르지 않는 컷 cut(S, V−S)를 찾습니다.

2. 횡단 에지 중 가중치가 가장 작은 에지 e를 찾아 E=E U {e} 연산을 합니다.

3. 1과 2를 트리가 될 때까지 실행합니다.

앞서 정의한 탐욕 알고리즘의 과정을 그림으로 하나씩 살펴보겠습니다.

그림 13-3을 보면 집합 E=∅ 공집합이므로 아무 컷이나 잡으면 됩니다. 이 그림에서는 컷 cut(S, V-S)에 대해 S={0}, V-S={1, 2, 3, 4}입니다.

▼ 그림 13-3 탐욕 알고리즘 1

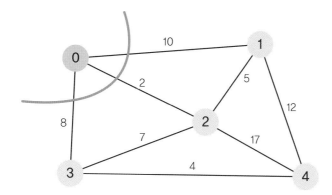

그림 13-4를 보면 횡단 에지 중 가중치가 가장 작은 에지 e=(0, 2)를 선택해서 E=E ∪ {(0, 2)} 연산을 합니다.

▼ 그림 13-4 탐욕 알고리즘 2

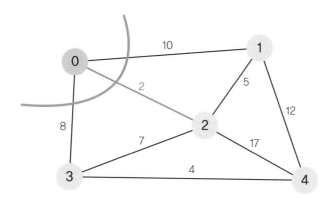

계속해서 진행해 볼까요? 그림 13-5를 보면 E={(0, 2)}의 원소를 가로지르지 않는 컷 cut(S, V-S)를 구합니다. 여기서 S={3, 4}고 V-S={0, 1, 2}입니다.

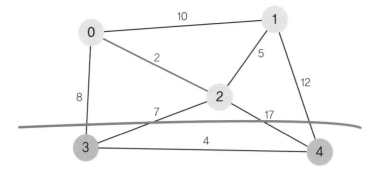

그림 13-6을 보면 횡단 에지 중 가중치가 가장 작은 에지 e=(2, 3)을 선택해서 E=E U {(2, 3)} 연산을 합니다. 아직 트리가 완성되지 않았습니다.

▼ 그림 13-6 탐욕 알고리즘 4

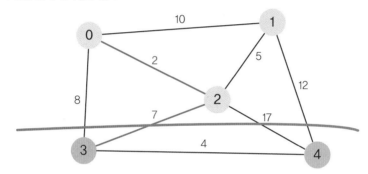

계속 컷을 나누도록 할까요? 그림 13-7을 보면 E={(0, 2), (2, 3)}을 가로지르지 않는 컷 cut(S, V-S)를 구합니다. 여기서 S={1}이고 V-S={0, 2, 3, 4}입니다.

▼ 그림 13-7 탐욕 알고리즘 5

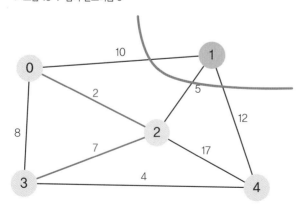

그림 13-8에서는 횡단 에지 중 가중치가 가장 작은 에지 e=(1, 2)를 선택해서 E=E U {(1, 2)} 연산을 합니다.

▼ 그림 13-8 탐욕 알고리즘 6

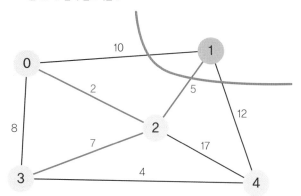

그림 13-9를 보면 E={(0, 2), (1, 2), (2, 3)}을 가로지르지 않는 컷 cut(S, V-S)를 구합니다. 여기서 S={4}고 V-S={0, 1, 2, 3}입니다.

▼ 그림 13-9 탐욕 알고리즘 7

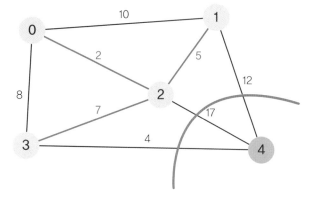

그림 13-10을 보면 가중치가 가장 작은 에지 e=(3, 4)를 선택해서 E=E U {(3, 4)} 연산을 합니다. 그림을 살펴보니 이제 모든 정점이 연결된 트리가 되었습니다. 알고리즘을 종료합니다.

❤ 그림 13-10 탐욕 알고리즘 8

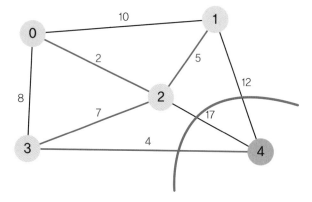

그럼 구한 MST를 확인해 볼까요? 그림 13-11은 탐욕 알고리즘을 이용해서 구한 최소 비용 신장 트리 T를 보여 줍니다.

❤ 그림 13-11 탐욕 알고리즘 9

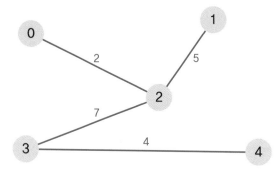

크루스칼 알고리즘이나 프림 알고리즘 모두 이 탐욕 알고리즘에서 어떻게 컷을 선택할지, 어떻게 가중치가 작은 에지를 찾을지 구체화하는 과정에서 탄생했습니다. 다음 절에서는 먼저 크루스칼 알고리즘을 알아보겠습니다.

> Tip ☆ **탐욕 알고리즘은 어디에 쓰나요?**
> 탐욕 알고리즘은 그 구현이 쉽기 때문에 다양한 분야에서 쓰이고 있습니다. 알고리즘 대회의 단골 주제이기도 합니다.
> 다만 쓸 수 있는 경우가 한정되어 있다는 단점이 있습니다. 앞서 설명한 탐욕 특성을 모두 만족해야만 하지요.

13.2 크루스칼 알고리즘

크루스칼 알고리즘(Kruskal algorithm)은 에지를 가중치가 작은 것부터 큰 것 순으로 정렬합니다. 그 후에 E(T)에 에지를 하나씩 추가합니다. 사이클이 생기면 추가하지 않고 버립니다. 에지를 추가하다 트리가 되면 알고리즘을 중단합니다. 알고리즘 자체는 생각보다 간단합니다. 다만 사이클이 생긴 것을 어떻게 알 것인지가 관건입니다. 이 문제를 고민해 보겠습니다.

13.2.1 그래프의 표현

먼저 전체적인 코드를 구현해서 해결해야 할 문제점만 추려 냅니다.[1]

코드 13-1

```python
class Edge:
    def __init__(self, u, v, w):
        self.u = u
        self.v = v
        self.w = w

class Graph:
    def __init__(self, vertex_num):
        self.adj_list = [[] for _ in range(vertex_num)]
        self.edge_list = []

        self.vertex_num = vertex_num

    def add_edge(self, u, v, weight):
        self.adj_list[u].append(v)
        self.adj_list[v].append(u)

        self.edge_list.append(Edge(u, v, weight))
```

---

1 코드 13-1~코드 13-8은 kruskal.py 파일에 있습니다.

코드 13-1을 보면 크루스칼 알고리즘을 적용하기 전에 그래프가 가질 멤버 등을 설계했습니다. MST는 무방향 그래프고 가중치 그래프입니다. 그리고 MST를 구한다는 것은 V(T)가 관심사가 아니라 E(T)만을 구하는 것이 목적이기 때문에 Edge 클래스를 따로 두었고 그래프에서도 에지 객체를 담아 둘 edge_list를 두었습니다.

코드 13-2는 크루스칼 알고리즘을 수행하는 메서드입니다.

코드 13-2

```python
def MST_kruskal(self):
    # 최종으로 만들 MST
    mst = Graph(self.vertex_num)

    # 크루스칼 알고리즘 적용
    return mst
```

최종 목적인 최소 비용 신장 트리를 표현하고자 그래프 객체를 생성하고, 여기에 add_edge 메서드를 사용하여 E(T)를 채워 넣은 후 반환할 것입니다. 크루스칼 알고리즘은 에지를 가중치에 따라 정렬해야 합니다. 이를 위해 edge_list를 따로 두었지요 self.edge_list.sort(key=lambda e: e.w)로 가중치에 따라 정렬하면 될 것입니다. 에지를 하나씩 가져와 신장 트리가 완성될 때까지 삽입하면 됩니다. 이때 가장 문제되는 것이 어떻게 사이클이 생성되는지 확인할 것인가 하는 점입니다. 다음 절에서는 사이클 형성을 확인할 수 있는 자료 구조로 분리 집합을 알아보겠습니다.

13.2.2 분리 집합: 사이클이 형성되는지 어떻게 확인하지?

사이클이 생성되는지 확인할 때 가장 먼저 떠오르는 것이 DFS를 이용하는 방법입니다. V(G')=V(G)고 E(G')=ø인 그래프를 생성하고 최소 비용 신장 트리 T에 에지를 하나씩 추가할 때마다 그래프 G'에도 에지를 추가합니다. 이때 추가하기 전에 추가할 에지 e=(u, v)에서 u를 시작 정점으로 그래프 G'에 대해 DFS를 했을 때 visited[v]=TRUE라면 이미 경로가 있는 상태이므로 여기에 e=(u, v)를 삽입하면 그래프가 생깁니다. 그러므로 visited[v]=FALSE일 때만 에지 e=(u, v)를 삽입하면 되지요. 그런데 이렇게 하면 모든 에지에 대해 DFS를 해야 할지도 모릅니다. 이는 효율적이지 않지요. 이를 해결할 수 있는 자료 구조가 바로 분리 집합(disjoint set)입니다.

분리 집합은 내부적으로는 배열을 사용하며, 트리를 이용해서 분리되어 있는 집합을 표현합니다. 또 두 가지 중요한 연산을 지원합니다. FIND와 UNION 연산입니다. 그림으로 살펴보겠습니다(그림 13-12).

▼ 그림 13-12 분리 집합 1

i	0	1	2	3	4
parent	−1	2	−1	0	2

{1, 2, 4}   {0, 3}

두 가지 연산

• FIND
• UNION

그림 13-12는 분리 집합을 보여 줍니다. 위에 있는 배열이 아래에 있는 트리를 표현한 것입니다. 그림에는 집합 {1, 2, 4}와 {0, 3} 두 개가 있습니다. 배열을 보면 {1, 2, 4} 집합의 루트인 2의 parent[i]=−1이 음수인 것을 알 수 있습니다. 다른 원소는 parent[i]가 자신의 부모를 나타냅니다. 예를 들어 parent[1]=2이므로 1의 부모는 2입니다. parent[3]=0은 3의 부모가 0임을 의미합니다. 여기서 FIND(i) 연산은 매개변수 i가 포함된 트리의 루트를 찾아 반환합니다. 예를 들어 FIND(1)=2입니다. UNION(i, j) 연산은 두 집합을 합치는 연산입니다. 매개변수 i, j는 반드시 루트여야 합니다.

그림으로 살펴볼까요? 그림 13-13은 UNION 연산을 보여 줍니다.

▼ 그림 13-13 분리 집합 2

i	0	1	2	3	4
parent	−1	2	0	0	2

UNION(i, j)
: i, j는 모두 루트

parent[i] = j

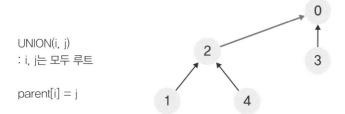

그림 13-13에서 UNION(2, 0)을 실행하면 2의 부모를 0으로 만듭니다. parent[2]=0이면 집합은 {0, 1, 2, 3, 4}가 됩니다.

먼저 아주 단순한 FIND와 UNION 연산을 구현해 보겠습니다.

```python
class DisjointSet:
    def __init__(self, vnum):
        self.parent = [-1 for _ in range(vnum)]

    def simple_find(self, i):
        while self.parent[i] >= 0:
            i = self.parent[i]
        return i

    def simple_union(self, i, j):
        self.parent[i] = j
```

코드 13-3을 보면 FIND와 UNION 연산을 구현했습니다. simple_find() 메서드는 매개변수 i가 속한 집합의 루트를 반환하기 때문에 parent[i] 값이 음수가 되기 전까지 계속해서 루트 쪽으로 타고 올라가면 됩니다.

이번에는 FIND와 UNION 연산의 성능을 향상시켜 보겠습니다. 다음 그림을 보세요.

▼ 그림 13-14 분리 집합 3

i	0	1	2	3	4
parent	-2	2	-3	0	2

정점 개수: 2   정점 개수: 3

parent[i] < 0이면 루트
abs(parent[i]) = size[i]

parent[i] >= 0이면
parent[i]는 정점 i의 부모

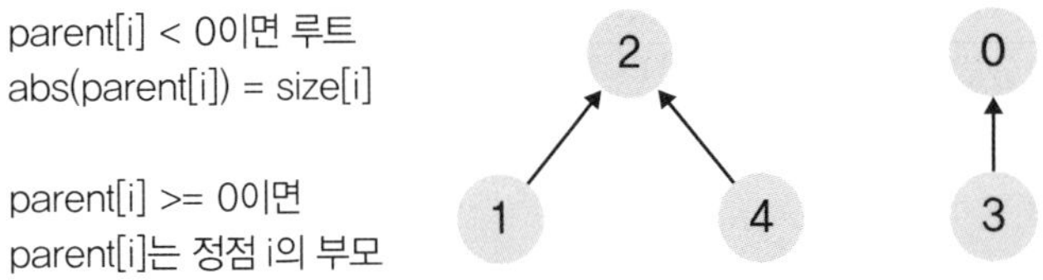

그림 13-14를 보면, 이전 배열에서는 루트 노드의 parent[i] 값이 단순히 -1이었습니다. 이번에는 루트 노드 값이 음수이기는 음수이되 그 절댓값이 집합에 있는 노드 개수를 나타내도록 바꾸었습니다. 예를 들어 {1, 2, 4} 루트 노드 2의 parent[2]=-3입니다. 절댓값을 씌우면 3이 나오므로 집합에 있는 노드 개수는 3인 것입니다. FIND 연산의 성능을 향상시켜 보겠습니다.

그림 13-15를 보면 왼쪽보다는 오른쪽이 트리 높이가 낮으므로 유리하겠지요?

❤ 그림 13-15 collapsing find

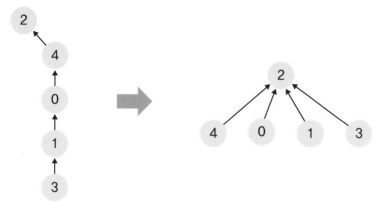

코드로 확인합시다.

코드 13-4

```python
def collapsing_find(self, i):
    root = trail = lead = None
    # 루트를 찾습니다.
    root = i
    while self.parent[root] >= 0:
        root = self.parent[root]

    # 모든 노드를 루트의 자식으로 만듭니다.
    trail = i
    while trail != root:
        lead = self.parent[trail]
        self.parent[trail] = root
        trail = lead

    return root
```

코드 13-4는 collapsing_find를 구현한 것입니다. i 노드의 루트 노드를 찾은 후 lead와 trail로 따라 올라가면서 모든 노드를 루트 노드의 자식 노드로 만듭니다.

두 번째로 UNION 연산을 살펴볼까요? 다음 그림을 먼저 보세요.

13

다양한 그래프 알고리즘 2: 최소 비용 신장 트리

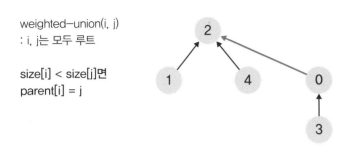

▼ 그림 13-16 weighted-union

i	0	1	2	3	4
parent	2	2	-5	0	2

정점 개수: 5

weighted-union(i, j)
: i, j는 모두 루트

size[i] < size[j]면
parent[i] = j

그림 13-16은 두 집합의 합집합 연산에서 어떻게 성능을 향상시킬 수 있는지 보여 줍니다. 중요한 점은 트리 높이를 낮게 유지하는 것입니다. 이를 위해 노드 개수가 많은 집합에 개수가 적은 집합을 자식으로 병합하는 것이 트리 높이는 낮게 유지하는 데 도움이 됩니다.

코드를 볼까요?

코드 13-5

```python
def weighted_union(self, i, j):
    """
    parameters i, j must be roots!
    if size[i] < size[j] then parent[i] = j
    """
    # abs(parent[i]) = size[i]
    # temp_cnt는 음수고 size[i] + size[j]
    temp_cnt = self.parent[i] + self.parent[j]

    # size[i] < size[j]
    if self.parent[i] > self.parent[j]:
        self.parent[i] = j
        self.parent[j] = temp_cnt
    # size[i] > size[j]
    else:
        self.parent[j] = i
        self.parent[i] = temp_cnt
```

코드 13-5는 weighted_union을 구현한 것입니다. 매개변수 i, j는 반드시 루트여야 합니다. 각 집합이 가진 노드 개수를 비교하여 노드 개수가 많은 집합에 노드 개수가 적은 집합을 자식으로 병합합니다.

13.2.3 크루스칼 알고리즘 구현

분리 집합 코드를 disjoint_set.py 파일에 담아 두겠습니다. 지금 작성하고 있는 kruskal.py 파일에서 임포트해야겠지요.

코드 13-6

```
from disjoint_set import DisjointSet
```

---

kruskal.py 파일의 맨 위에 코드 13-6을 추가합니다.

먼저 다음 그림으로 크루스칼 알고리즘을 작동한 후 코드로 최종 확인하는 형태로 진행하겠습니다.

▼ 그림 13-17 크루스칼 알고리즘 1

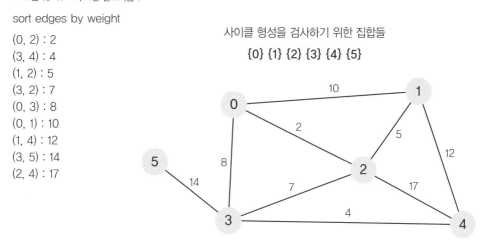

sort edges by weight

(0, 2) : 2
(3, 4) : 4
(1, 2) : 5
(3, 2) : 7
(0, 3) : 8
(0, 1) : 10
(1, 4) : 12
(3, 5) : 14
(2, 4) : 17

사이클 형성을 검사하기 위한 집합들
{0} {1} {2} {3} {4} {5}

그림 13-17을 보면, 먼저 에지를 가중치에 대해 정렬합니다. 그리고 분리 집합 자료 구조로 집합을 형성합니다. 아직 에지를 하나도 삽입하지 않았기 때문에 모든 노드가 루트가 됩니다.

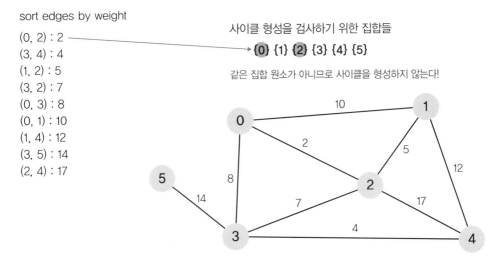

분리 집합에서 FIND 연산을 이용하여 에지 (0, 2)의 정점 0과 정점 2가 사이클을 형성하는지 확인합니다. 형성하지 않는군요. 그렇다면 에지를 삽입하고 UNION 연산을 이용하여 두 집합을 하나로 합쳐 줍니다.

▼ 그림 13-19 크루스칼 알고리즘 3

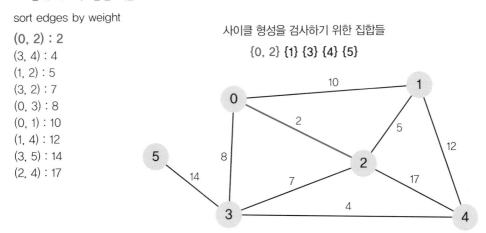

그림 13-19를 보면 에지 (0, 2)를 E(T)에 삽입했습니다. 즉, E=E U {(0, 2)}를 했고 UNION(0, 2)를 해서 {0, 2}가 되었습니다. 이 과정을 계속 반복합니다. 그림으로 계속 따라가 보죠.

그림 13-20 크루스칼 알고리즘 4

sort edges by weight

(3, 4) : 4
(1, 2) : 5
(3, 2) : 7
(0, 3) : 8
(0, 1) : 10
(1, 4) : 12
(3, 5) : 14
(2, 4) : 17

사이클 형성을 검사하기 위한 집합들

{0, 2} {1} (3) (4) {5}

같은 집합 원소가 아니므로 사이클을 형성하지 않는다!

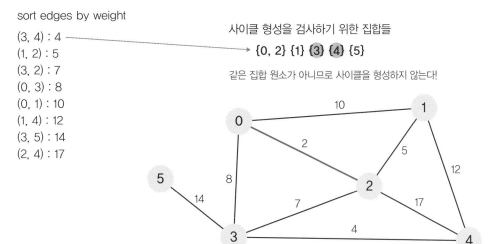

그림 13-20에서 다음으로 가중치가 작은 에지 (3, 4)를 보면 사이클을 형성하지 않습니다. 그럼 (3, 4)도 최소 비용 신장 트리 T의 에지가 됩니다. 즉, E=E U {(3, 4)}를 해야겠지요.

13

다양한 그래프 알고리즘 2: 최소 비용 신장 트리

▼ 그림 13-21 크루스칼 알고리즘 5

sort edges by weight

(3, 4) : 4
(1, 2) : 5
(3, 2) : 7
(0, 3) : 8
(0, 1) : 10
(1, 4) : 12
(3, 5) : 14
(2, 4) : 17

사이클 형성을 검사하기 위한 집합들

{0, 2} {1} {3, 4} {5}

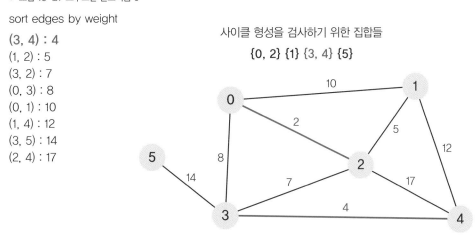

계속 진행해 보겠습니다. 그림 13-22에서 에지 (1, 2)를 삽입해도 사이클은 형성되지 않습니다.

▼ 그림 13-22 크루스칼 알고리즘 6

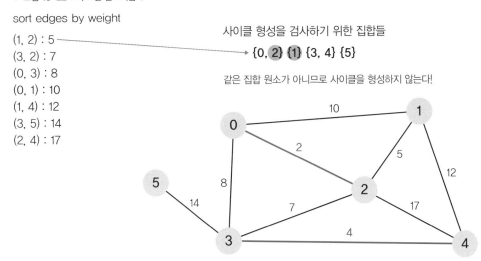

그림 13-23은 E=E U {(1, 2)}입니다.

▼ 그림 13-23 크루스칼 알고리즘 7

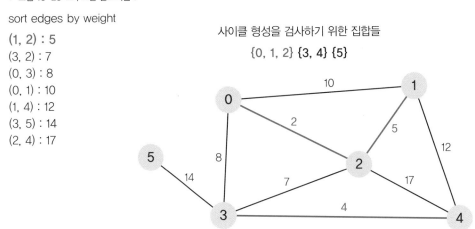

그림 13-24에서도 사이클은 형성되지 않습니다.

▼ 그림 13-24 크루스칼 알고리즘 8

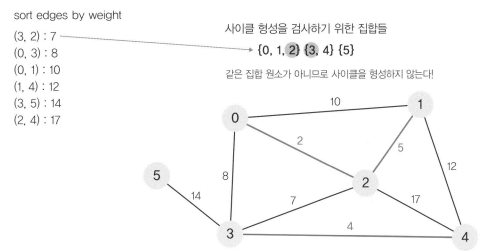

sort edges by weight

(3, 2) : 7
(0, 3) : 8
(0, 1) : 10
(1, 4) : 12
(3, 5) : 14
(2, 4) : 17

사이클 형성을 검사하기 위한 집합들

{0, 1, 2} {3, 4} {5}

같은 집합 원소가 아니므로 사이클을 형성하지 않는다!

그림 13-25에서도 사이클이 형성되지 않네요.

▼ 그림 13-25 크루스칼 알고리즘 9

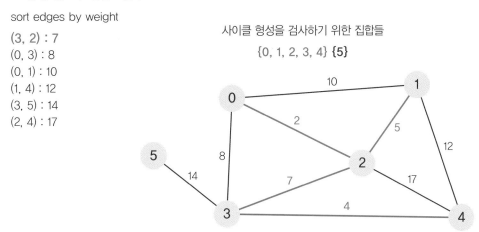

sort edges by weight

(3, 2) : 7
(0, 3) : 8
(0, 1) : 10
(1, 4) : 12
(3, 5) : 14
(2, 4) : 17

사이클 형성을 검사하기 위한 집합들

{0, 1, 2, 3, 4} {5}

이제부터가 핵심입니다. 다음 그림을 잘 보세요.

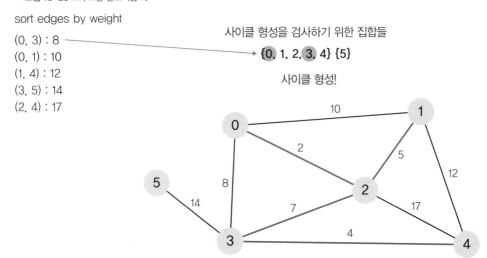

sort edges by weight

(0, 3) : 8

(0, 1) : 10

(1, 4) : 12

(3, 5) : 14

(2, 4) : 17

사이클 형성을 검사하기 위한 집합들

→ {0, 1, 2, 3, 4} {5}

사이클 형성!

그림 13-26을 보면 에지 (0, 3)은 같은 집합에 있습니다. 즉, 이 에지를 추가하면 사이클이 형성됩니다. 그러므로 에지 (0, 3)은 버립니다. 에지 (0, 1), 에지 (1, 4)도 사이클을 형성하므로 버립니다. 이제 에지 (3, 5) 차례입니다. 이 두 정점은 사이클을 형성하지 않습니다.

그림 13-27을 보면 사이클을 형성하는 에지들은 모두 버리고 이제 에지 (3, 5) 차례입니다. 3과 5는 서로 다른 집합에 있기 때문에 사이클을 형성하지 않습니다.

▼ 그림 13-27 크루스칼 알고리즘 11

sort edges by weight

(3, 5) : 14

(2, 4) : 17

사이클 형성을 검사하기 위한 집합들

→ {0, 1, 2, 3, 4} {5}

같은 집합 원소가 아니므로 사이클을 형성하지 않는다!

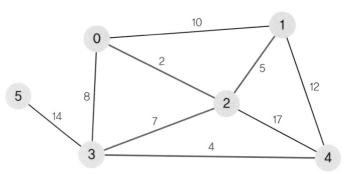

이제 에지를 추가합니다. 그림 13-28에서 에지 (3, 5)를 E=E ∪ {(3, 5)} 연산을 하고 나면 트리가 완성되었습니다. |E|=|V|-1을 만족하기 때문이지요. 이제 알고리즘을 종료합니다.

❤ 그림 13-28 크루스칼 알고리즘 12

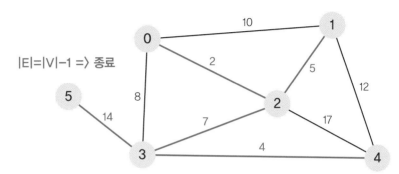

sort edges by weight
(3, 5) : 14
(2, 4) : 17

사이클 형성을 검사하기 위한 집합들
{0, 1, 2, 3, 4, 5}

|E|=|V|-1 => 종료

마지막으로 최종 완성된 최소 비용 신장 트리를 확인해 보겠습니다. 그림 13-29는 크루스칼 알고리즘을 이용하여 완성된 최소 비용 신장 트리입니다.

❤ 그림 13-29 크루스칼 알고리즘 13

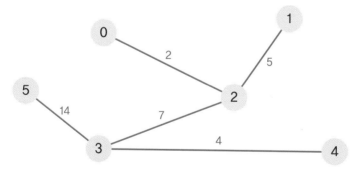

코드로 구현하면 코드 13-7과 같습니다.

코드 13-7

```
def MST_kruskal(self):
    mst = Graph(self.vertex_num) ······ 최종적으로 만들 MST
    ds = DisjointSet(self.vertex_num) ······ 분리 집합: 사이클 형성 검사를 할 정점 집합
    self.edge_list.sort(key=lambda e: e.w) ······ 가중치에 따라 에지 정렬
    mst_edge_num = 0 ······ mst에 속하는 에지 개수
```

```
    edge_idx = 0 ⋯⋯ 정렬된 에지 리스트에서 인덱스
```

FIND(u)! = FIND(v)면 사이클을
형성하지 않습니다.

```
    while mst_edge_num < self.vertex_num-1: ⋯⋯ |TE| = |TV|−1이면 종료
        edge = self.edge_list[edge_idx] ⋯⋯ 가중치가 작은 순서대로 에지를 가져옵니다.
        if ds.collapsing_find(edge.u) != ds.collapsing_find(edge.v): ⋯⋯
            mst.add_edge(edge.u, edge.v, edge.w) ⋯⋯ TE = TE U {(u, v)}
            ds.weighted_union(ds.collapsing_find(edge.u),
                              ds.collapsing_find(edge.v)) ⋯⋯ UNION(u, v)
            mst_edge_num += 1
        edge_idx += 1

    return mst
```

코드 13-7은 크루스칼 알고리즘을 구현한 코드입니다. 주목할 부분은 while 문의 조건입니다. 에지 개수가 정점 개수보다 1 작으면 트리가 완성되므로 이 조건을 만족하면 while 문을 빠져 나옵니다. 사이클이 형성되는지 여부를 판단하는 collapsing_find 함수와 두 집합을 병합하는 weighted_union 함수를 주의 깊게 살펴보기 바랍니다.

테스트 코드를 작성해서 잘 작동하는지 확인해 봅시다.

코드 13-8

```
    def print_edges(self):
        for edge in self.edge_list:
            print("({}, {}) : {}".format(edge.u, edge.v, edge.w))

if __name__ == "__main__":
    g = Graph(6)

    g.add_edge(0, 1, 10)
    g.add_edge(0, 2, 2)
    g.add_edge(0, 3, 8)
    g.add_edge(1, 2, 5)
    g.add_edge(1, 4, 12)
    g.add_edge(2, 3, 7)
    g.add_edge(2, 4, 17)
    g.add_edge(3, 4, 4)
    g.add_edge(3, 5, 14)

    mst = g.MST_kruskal()

    mst.print_edges()
```

코드 13-8에서 print_edges() 메서드는 edge_list를 출력하는 편의 함수입니다. 이제 지금까지 살펴본 그림의 예제 그래프를 만들고 크루스칼 알고리즘을 수행하면 mst가 반환됩니다. mst에 있는 에지를 출력해 보면 실행 결과는 다음과 같습니다.

```
(0, 2) : 2
(3, 4) : 4
(1, 2) : 5
(2, 3) : 7
(3, 5) : 14
```

실행 결과를 보면 최소 비용 신장 트리가 잘 만들어진 것을 알 수 있습니다. 그림과 비교해 보기 바랍니다. 다음 절에서는 MST를 만드는 또 하나의 알고리즘인 프림 알고리즘을 알아보겠습니다.

13.3 프림 알고리즘

프림 알고리즘(prim algorithm)도 탐욕 알고리즘의 하나이며, 14장에서 다룰 데이크스트라 알고리즘과 매우 닮아 있습니다. 둘 모두 BFS와 유사합니다. 프림 알고리즘은 정점 하나를 가진 트리에서 시작하여 트리 내의 정점 v와 트리 밖의 정점 u를 잇는 에지 중에서 가중치가 가장 작은 에지 (u, v)를 트리의 에지로 만들고 정점 u도 트리에 포함시키며 트리를 확장해 나갑니다. 그러다가 트리의 정점 집합 V(T)=V(G)가 되면 알고리즘을 종료합니다. 그림으로 살펴보면 훨씬 나을 것입니다. 해당 부분을 설명할 때 하나씩 작동 과정을 따라가 보겠습니다. 그 전에 다음 절에서는 트리 안의 정점과 트리 밖을 잇는 에지 중에서 어떻게 가중치가 가장 작은 에지를 찾을 것인지 고민해 보겠습니다.

13.3.1 가중치가 가장 작은 에지를 찾는 방법

프림 알고리즘에서 가장 중요한 연산은 트리 안 정점과 트리 밖 정점을 잇는 여러 개의 에지 중에서 가중치가 가장 작은 에지를 찾는 것입니다. 이런 발상은 어떨까요? 먼저 각 정점마다 가중치를 저장해 둘 배열 **w_list**를 만듭니다. 이 배열에는 트리에 이미 속해 있는 정점에서 자신과 인접한 에지의 가중치를 저장할 텐데, 트리 내 정점 여러 개와 인접할 수 있기 때문에 어떤 값을 저장해야 할지 아직은 알 수 없습니다. 게다가 트리 정점은 원래 그래프의 정점 집합과 같아질 때까지 자라야 하므로 가중치가 가장 작은 에지는 시시각각 변할 것입니다.

그렇다면 배열 w_list를 먼저 굉장히 큰 값으로 초기화한 후 어떤 정점 v를 시작으로 w_list[v]=0 으로 만듭니다. 그다음 adj[v] 집합을 순회하면서 각 정점까지 가중치를 w_list에 업데이트합니다. 이제 w_list를 쭉 순회하면서 아직 트리의 정점 집합 V(T)에 포함되지 않은 정점 중에서 가중치가 가장 작은 것을 선택하면 트리 밖 정점 u를 구할 수 있습니다. 그리고 나서 에지 (u, v)를 E(T)에 포함시키고 u도 트리 정점 집합에 포함시킵니다. 트리 정점 집합의 정점 개수가 하나 늘었습니다. 이런 과정을 반복하면 될 것 같습니다.

그런데 조금만 더 생각해 보면 w_list를 쭉 순회한다는 것은 빅오가 $O(|V|)$를 의미합니다. $|V|$는 원래 그래프의 정점 집합 개수를 의미합니다. 그리고 더 고민해 보면 필요한 것은 가장 가중치가 작은 에지입니다. 가장 작은 값을 지속적으로 가져온다면 최소 우선순위 큐 만한 것이 없을 것 같군요. 최소 우선순위 큐를 사용하면 빅오를 $O(\log |v|)$까지 줄일 수 있습니다.

할 일이 정해졌습니다. 최소 우선순위 큐를 만들어야 합니다. 우선순위 큐는 최소 힙(min heap)으로 구현하지요. 이전에 배운 알고리즘을 이용하여 최소 힙을 구현해 보겠습니다. 그런데 우리가 예상하지 못한 문제점이 하나 있습니다. 그것은 w_list를 업데이트해야 하는 상황이 있다는 것입니다. 어떤 상황에서 업데이트를 하게 될까요? 트리의 정점 집합이 자라면서 현재 알고 있던 가중치가 가장 작은 에지보다 더 가중치가 작은 에지를 발견했을 때입니다. 그때는 힙 안에 이미 있는 가중치가 더 작아지도록 업데이트해야 합니다. 그런데 아직까지 배운 알고리즘으로는 이를 구현할 수 없습니다. 이에 최소 힙에 decrease_weight 연산을 추가하겠습니다. 이는 가중치가 더 작은 에지를 최소 힙에 삽입하여 기존 가중치를 업데이트하는 연산입니다.

어떤 프로그래머들은 프림 알고리즘만을 위해 최소 힙 자료 구조 자체를 다시 구현해야 한다는 것에 불만이 많을 것입니다. 이미 잘 쓰는 바퀴를 다시 발명해야 하니 말입니다. 그래서 자료 구조를 처음부터 다시 구현하지 않고 기존에 있는 최소 힙 자료 구조를 이용하되 프림 알고리즘 내에서 약간의 트릭을 활용하는 편을 더 좋아합니다. 프림 알고리즘에서는 decrease_weight 연산을 직접 구현하는 형태로 최소 힙을 다시 구현할 것입니다. 기존 최소 힙 자료 구조를 이용하는 두 번째 방법은 프림과 매우 유사한 데이크스트라 알고리즘에서 구현해 보겠습니다.

decrease_weight 연산을 지원하려면 업데이트하려는 정점 v가 현재 최소 힙의 표현인 동적 배열의 어느 인덱스에 있는지 알아내야 합니다. 그래야만 해당 정점 요소에서 키 값으로 쓰는 가중치 값을 줄일 수 있습니다. 이를 위해 내부에 정점 v의 배열 내 위치를 저장해 두는 pos라는 배열을 따로 두겠습니다. 이제 코드로 구현해 보겠습니다.[2]

코드 13-9

```python
class Element:
    def __init__(self, v, w, _from):
        # 가중치를 키로 사용합니다.
        self.w = w
        self.v = v
        self._from = _from


class MinHeap:
    MAX_ELEMENTS = 200
    def __init__(self):
        self.arr = [None for i in range(self.MAX_ELEMENTS)]
        self.heapsize = 0
        # 정점이 arr에 위치한 현재 인덱스
        self.pos = [None for i in range(self.MAX_ELEMENTS)]
```

코드 13-9에서 Element 클래스를 보면 세 가지 멤버를 가지고 있습니다. 먼저 키로 사용할 에지의 가중치입니다. v는 트리 밖에 있는 정점을 의미하며, _from은 자라나고 있는 트리 정점 집합의 정점입니다. 즉, weight(v, _from)=w가 됩니다. MinHeap 클래스의 생성자를 보면 멤버인 arr과 heapsize와 함께 pos라는 배열이 있습니다. 알고 싶은 것은 가중치가 가장 작은 에지의 트리 밖 정점입니다. arr 내에서는 가중치에 따라 배치되어 있지요. 그러므로 트리 밖 정점의 arr 내 인덱스를 저장하는 데 pos를 사용합니다. 이 pos 역할만 이해했다면 나머지는 간단합니다.

arr 값이 달라질 때마다 pos도 업데이트하면 됩니다. 예를 들어 self.arr[cur_idx]=self.arr[self.parent(cur_idx)]를 보면 cur_idx 위치에 부모 노드를 저장하고 있습니다. arr 내 배치가 바뀐 것이겠죠. 그렇다면 다음에 반드시 self.pos[self.arr[cur_idx].v]=cur_idx 코드로 pos에 수정된 정점의 위치를 업데이트해 주어야 합니다.

---

[2] 코드 13-9~코드 13-11은 min_heap.py 파일에 있습니다.

코드를 볼까요?

```
def is_empty(self):
    if self.heapsize == 0:
        return True
    return False

def is_full(self):
    if self.heapsize >= self.MAX_ELEMENTS:
        return True
    return False

def parent(self, idx):
    return idx >> 1

def left(self, idx):
    return idx << 1

def right(self, idx):
    return (idx << 1) + 1

def push(self, item):
    if self.is_full():
        raise IndexError("the heap is full!!")

    self.heapsize += 1
    cur_idx = self.heapsize

    while cur_idx != 1 and item.w < self.arr[self.parent(cur_idx)].w:
        self.arr[cur_idx] = self.arr[self.parent(cur_idx)]
        # pos 인덱스는 정점, arr은 weight를 키로 만든 최소 힙
        self.pos[self.arr[cur_idx].v] = cur_idx

        cur_idx = self.parent(cur_idx)

    self.arr[cur_idx] = item
    self.pos[item.v] = cur_idx

def pop(self):
    if self.is_empty():
        return None
```

```
        rem_elem = self.arr[1]

        temp = self.arr[self.heapsize]
        self.heapsize -= 1

        cur_idx = 1
        child = self.left(cur_idx)

        while child <= self.heapsize:
            if child < self.heapsize and \
                self.arr[self.left(cur_idx)].w > self.arr[self.right(cur_idx)].w:
                child = self.right(cur_idx)

            if temp.w <= self.arr[child].w:
                break

            self.arr[cur_idx] = self.arr[child]
            self.pos[self.arr[cur_idx].v] = cur_idx

            cur_idx = child
            child = self.left(cur_idx)

        self.arr[cur_idx] = temp
        self.pos[temp.v] = cur_idx

        return rem_elem
```

코드는 길지만 최소 힙을 충분히 알고 있다면 어렵지 않습니다. arr이 변경될 때 pos도 바꾸어 주어야 한다는 점만 알면 충분합니다.

decrease_weight 연산을 추가해 봅시다.

코드 13-11

```
    def decrease_weight(self, new_elem): ------ 프림 알고리즘을 위해 추가된 함수
        cur = self.pos[new_elem.v] ------ 업데이트될 정점의 현재 인덱스
```
                                         cur가 루트가 아니고 업데이트될 원소의 weight가 부모 원소의 weight보다
                                         작다면 부모 원소를 아래로 내리고 cur가 루트 쪽으로 올라갑니다.
```
        while cur!= 1 and new_elem.w < self.arr[self.parent(cur)].w: ------
            self.arr[cur] = self.arr[self.parent(cur)] ------
            self.pos[self.arr[cur].v] = cur
```
                                업데이트될 원소의 weight가 부모 원소의 weight보다
                                작다면 부모 원소를 한 칸 아래로 내립니다.

```
        cur = self.parent(cur)

    self.arr[cur] = new_elem
    self.pos[new_elem.v] = cur
```

코드 13-11은 decrease_weight 연산을 구현한 것입니다. 매개변수로 기존보다 더 작은 가중치를 가진 에지가 전달됩니다. 이 에지에는 트리 밖 정점 v도 전달되겠지요. 이 정점 v가 저장된 arr의 원소로 찾아가 w와 _from을 업데이트하고 새롭게 업데이트된 w를 가지고 다시 정렬하면 됩니다. 최소 힙이기 때문에 w가 작아지면 자신의 부모와 가중치를 비교한 후 작다면 루트를 따라 올라가며 바꾸어야 하겠지요. 이는 마치 push 연산과 비슷합니다. 가장 중요한 코드는 메서드의 첫 번째 라인 cur=self.pos[new_elem.v]입니다. arr 내 현재 인덱스만 안다면 이 인덱스에 있는 w와 _from을 변경하고 w를 기준으로 부모 노드와 비교해서 w가 부모 노드의 w보다 작다면 최소 힙의 특성을 만족할 때까지 루트를 따라 올라가며 노드를 바꾸면 됩니다.

코드 13-11의 코드를 min_heap.py 파일에 담아 둡니다. 프림 알고리즘을 구현할 때 임포트할 것입니다. 다음 절에서는 프림 알고리즘을 구현해 봅시다.

13.3.2 프림 알고리즘 구현

이전 절에서 설명한 내용을 읽기만 해서는 쉽게 이해할 수 없습니다. 이럴 때는 그림 만한 것이 없지요. 그림으로 자세하게 살펴보겠습니다. 다음 그림부터 보시죠.

▼ 그림 13-30 프림 알고리즘 1

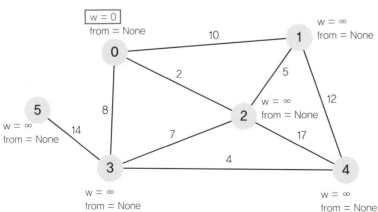

그림 13-30에서 w는 트리 내 정점과 이어진 에지 중 가중치가 가장 작은 에지의 가중치를 의미합니다. 이전 절에서는 이 w를 모아 놓은 w_list를 만들기로 했었지요. from은 가중치가 가장 작은 에지의 트리 내 정점입니다. 그림 위에 표시된 TV는 자라나는 트리의 정점 집합입니다. 다시 말해 구하고자 하는 최소 비용 신장 트리 T의 V(T)입니다. TE는 최소 비용 신장 트리의 에지 집합입니다. 구하고자 하는 최종 목적입니다. 즉, TE는 최소 비용 신장 트리 T의 E(T)를 의미합니다.

처음에는 아직 어떤 정점도 TV에 포함되어 있지 않기 때문에 모두 트리 밖 정점입니다. 그림을 보면 w는 무한대로, from은 None으로 초기화되어 있습니다. 키는 w가 됩니다. 그다음 트리의 시작 정점을 정해야 하는데 임의로 0으로 하겠습니다. 어느 정점을 정해도 상관없습니다. 이제 정점 0의 w를 0으로 하고 최소 힙에 push합니다. 그리고 나머지 정점은 각각의 정점과 그 정점의 w, from을 하나로 묶어 최소 힙에 push합니다. 그럼 최소 힙의 루트 노드에는 정점 0이 있겠지요.

그림을 봅시다.

❤ 그림 13-31 프림 알고리즘 2

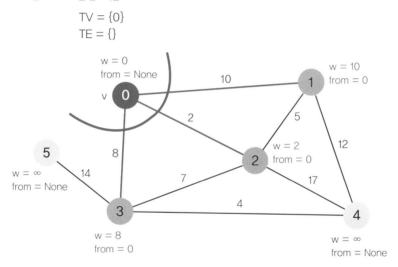

그림 13-31을 보면 최소 힙에서 pop하면 w=0인 정점 0이 나오겠군요. 이제 adj[0]을 구하면 adj[0]={1, 2, 3}입니다. 트리 내 정점 집합은 {0}이고 트리 밖 집합 V−TV={1, 2, 3, 4, 5}인데, 이를 컷 cut(TV, V−TV)로 본다면 횡단 에지 중 가중치가 가장 작은 에지 (0, 2)는 최소 비용 신장 트리의 에지가 되겠군요. 에지 (0, 2)를 TE에 삽입하기 전에 adj[0]에 대해 업데이트를 해야 합니다. 트리 내 정점과 트리 밖 정점을 잇는 모든 에지에 대해 기존 w와 from 값을 바꾸어 주면 됩니다.

예를 들어 adj[0]에 속하는 정점 1을 보면 기존 w 값은 무한대였습니다. 이 값을 이번에 발견한 에지 (0, 1)의 가중치 10과 비교합니다. 당연히 10이 더 작겠지요. 그럼 w 값을 10으로 만들고 이 가중치를 가지는 에지의 트리 내 정점 0을 from으로 합니다. 여기서 그치면 안 되고, 최소 힙에 w 값을 10으로 하는 새로운 요소로 기존 값을 업데이트해야 합니다. 키가 되는 가중치 값이 줄어들었으니까요. 이때 decrease_weight 연산이 필요합니다. adj[0]의 모든 정점을 업데이트한 후 이 알고리즘을 최소 힙이 빌 때까지 계속 반복합니다. 알고리즘이 끝날 때까지 따라가 보겠습니다.

자, 다음 그림부터 봅시다. 그림 13-32를 보면 최소 힙에서 요소를 pop해 오면 w가 가장 작은 정점 2가 나오겠군요. 이때 w=2, from=0입니다.

▼ 그림 13-32 프림 알고리즘 3

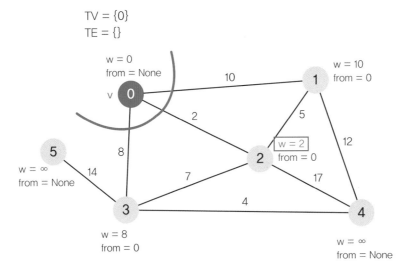

이제 트리 정점 집합에 정점 2를 포함하고 인접 정점들의 w와 from을 바꾸어 주는 과정으로 넘어갑니다.

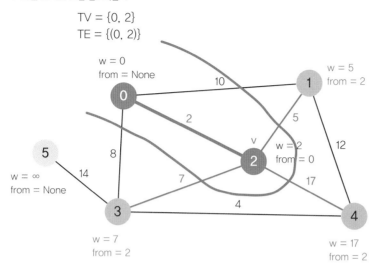

$$TV = \{0, 2\}$$
$$TE = \{(0, 2)\}$$

그림 13-33을 보면 pop해 온 요소에서 v인 2를 TV에 TV=TV U {2} 연산을 합니다. 다음으로 v와 from으로 에지 (0, 2)를 만들어 TE=TE U {(0, 2)} 연산을 합니다. adj[2]를 구합니다. adj[2]={0, 1, 3, 4}인데, 이 중에서 업데이트해야 할 정점은 트리 밖 정점들입니다. 즉, 정점 0은 변경하지 않습니다. 나머지 집합 원소 {1, 3, 4}에 대해 w와 from을 업데이트하고 최소 힙에서 decrease_weight 연산을 합니다.

그림 13-34를 보면 이번에 최소 힙에서 꺼내 온 요소는 정점 1이 될 것이고, 이때 w=5, from=2 입니다.

▼ 그림 13-34 프림 알고리즘 5

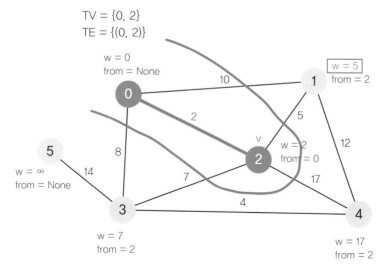

$$TV = \{0, 2\}$$
$$TE = \{(0, 2)\}$$

그림 13-35에서 정점 1을 TV에 넣고 에지 (1, 2)를 TE에 넣습니다. adj[2]={0, 1, 4} 중에서 트리 밖 정점 4에서만 w, from을 업데이트하고 최소 힙은 decrease_weight 연산을 합니다.

▼ 그림 13-35 프림 알고리즘 6

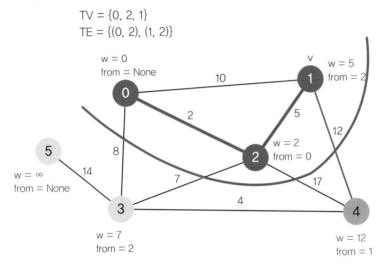

그림 13-36에서 최소 힙에서 pop을 하면 요소는 정점 3, w=7, from=2일 것입니다.

▼ 그림 13-36 프림 알고리즘 7

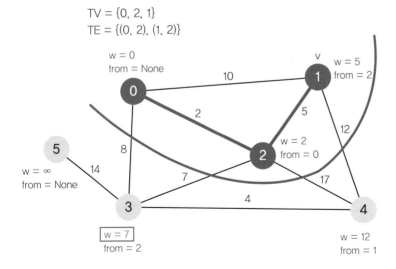

그림 13-37을 보면 정점 3을 TV에 넣고 에지 (2, 3)을 TE에 넣습니다.

▼ 그림 13-37 프림 알고리즘 8

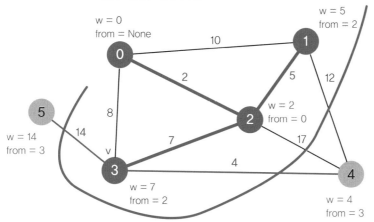

그림 13-38을 보면 최소 힙에서 pop을 하면 정점 4, w=4, from=3인 요소가 나올 것입니다.

▼ 그림 13-38 프림 알고리즘 9

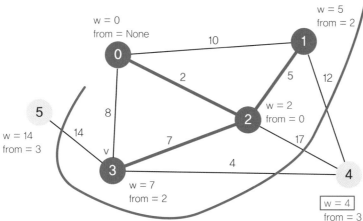

그림 13-39에서 정점 4를 TV에 넣고 에지 (3, 4)를 TE에 넣고 adj[4]={1, 2, 3}을 구해 업데이트
하려는데 이미 모두 트리 내 정점이군요.

❤ 그림 13-39 프림 알고리즘 10

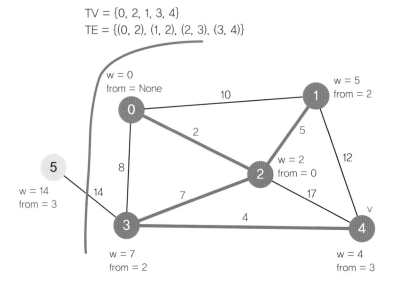

그림 13-40을 보면 최소 힙에서 pop한 요소는 정점 5, w=14, from=3입니다.

❤ 그림 13-40 프림 알고리즘 11

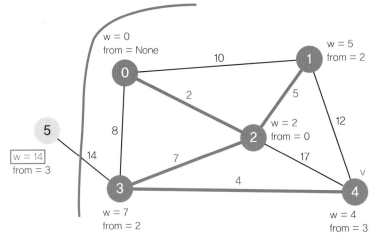

그림 13-41을 보면 정점 5를 TV에 넣었고 에지 (3, 5)를 TE에 넣었습니다. TV가 원래 그래프의 V와 같으므로 알고리즘을 종료합니다.

❤ 그림 13-41 프림 알고리즘 12

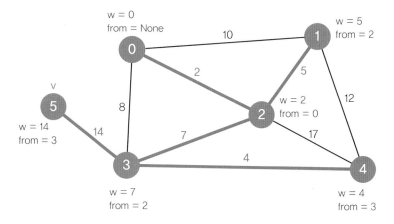

$$TV = \{0, 2, 1, 3, 4, 5\}$$
$$TE = \{(0, 2), (1, 2), (2, 3), (3, 4), (3, 5)\}$$

최종적으로 최소 비용 신장 트리를 살펴보겠습니다.

❤ 그림 13-42 프림 알고리즘 13

$$TF = \{(0, 2), (1, 2), (2, 3), (3, 4), (3, 5)\}$$

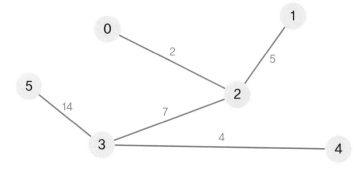

그림 13-42를 보면 최소 비용 신장 트리가 잘 완성된 것을 확인할 수 있지요.

코드로 구현해 볼까요?[3]

---

3   코드 13-12~코드 13-13은 prim.py 파일에 있습니다.

```python
import math
from min_heap import Element, MinHeap

class Edge:
    def __init__(self, u, v, w):
        self.u = u
        self.v = v
        self.w = w


class Graph:
    def __init__(self, vertex_num):
        self.adj_list = [[] for _ in range(vertex_num)]
        self.edge_list = []

        self.vertex_num = vertex_num

    def add_edge(self, u, v, w):
        self.adj_list[u].append((v, w))
        self.adj_list[v].append((u, w))

        self.edge_list.append(Edge(u, v, w))

    def MST_prim(self):
        mst = Graph(self.vertex_num)

        w_list = [math.inf for _ in range(self.vertex_num)]

        TV = set()
        h = MinHeap()

        for i in range(1, self.vertex_num):
            h.push(Element(i, math.inf, None))

        w_list[0] = 0
        h.push(Element(0, 0, None))

        while not h.is_empty():
            elem_v = h.pop()
            v = elem_v.v
            w = elem_v.w
            _from = elem_v._from
```

add_edge 줄 주석: ----- (정점, 에지의 가중치)를 인접 리스트에 추가

MST_prim `mst = Graph(self.vertex_num)` 주석: ----- 최종적으로 만들 MST

`w_list` 주석: ----- w_list: 각 정점의 w 값을 담아 두는 배열

`TV = set()` 주석: ----- TV = {}: MST 정점의 집합, 시작 노드부터 하나씩 채워 나갑니다.

`h = MinHeap()` 주석: min heap에 w와 from을 가진 정점을 담아 둡니다. heap 초기화: w –〉 inf, from –〉 None

`h.push(Element(i, math.inf, None))` 주석: ----- Element(v, w, _from)

`w_list[0] = 0` 주석: ----- 시작 노드인 0은 w –〉 0, from –〉 None

`elem_v = h.pop()` 주석: ----- 가중치가 가장 작은 에지 (from, v): w 정보를 가진 정점 Element v

```
                TV.add(v)  ······ TV에 정점을 추가
                if _from != None:                    ┌······ TE에 에지 추가
                    mst.add_edge(v, _from, w) ┘
                                    TV에 정점이 추가되면 인접 정점 중 트리 밖에 있는 정점에 대해 업데이트 시도
                                    adj[v] = 정점 v에 인접한 정점 집합
                adj_v = self.adj_list[v]
                for u, w_u_v in adj_v:  w_u_v: weight(u, v)
                    if u not in TV and w_u_v < w_list[u]:
                        w_list[u] = w_u_v
                        h.decrease_weight(Element(u, w_u_v, v))


        return mst
```

코드 13-12는 프림 알고리즘을 구현한 코드입니다. BFS와 매우 유사하죠. 최소 힙에 시작 정점의 w를 0으로 넣어 준 후 최소 힙이 빌 때까지 정점을 계속 하나씩 꺼내 와 TV에 포함합니다. 인접 정점 중 트리 밖 정점에 대해 새로운 가중치가 기존 가중치보다 작다면 decrease_weight 연산을 하면 됩니다. 그림과 비교하면서 알고리즘을 살펴보기 바랍니다.

테스트 코드를 만들고 실행해 봅시다. 코드 13-13은 테스트 코드입니다.

코드 13-13

```
    def print_edges(self):
        for edge in self.edge_list:
            print("({}, {}) : {}".format(edge.u, edge.v, edge.w))

if __name__ == "__main__":
    g = Graph(6)

    g.add_edge(0, 1, 10)
    g.add_edge(0, 2, 2)
    g.add_edge(0, 3, 8)
    g.add_edge(1, 2, 5)
    g.add_edge(1, 4, 12)
    g.add_edge(2, 3, 7)
    g.add_edge(2, 4, 17)
    g.add_edge(3, 4, 4)
    g.add_edge(3, 5, 14)

    mst = g.MST_prim()

    mst.print_edges()
```

실행하면 다음 결과가 출력됩니다.

```
(2, 0) : 2
(1, 2) : 5
(3, 2) : 7
(4, 3) : 4
(5, 3) : 14
```

실행 결과를 보면 프림 알고리즘이 잘 작동한 것을 확인할 수 있습니다.

> Tip ☆ **프림 알고리즘은 어디에 쓰나요?**
>
> 프림 알고리즘 같은 MST 알고리즘은 어디에 쓸 수 있을까요? MST는 생각보다 광범위하게 쓸 수 있습니다. 예를 들어 각 도시 사이를 연결하는 도로를 최소한의 비용으로 건설하는 도시 계획이나 지하철 노선을 설계할 때 어떤 역들을 연결해야 최대 효과를 얻으면서 비용을 절감할 수 있을지 계산하는 데 쓸 수 있습니다. 참으로 도움을 많이 주는 알고리즘이죠.

다음 장에서는 그래프 알고리즘 중에서 아주 유용하게 쓰는 최단 경로 알고리즘을 알아보겠습니다.

14^장

다양한 그래프 알고리즘 3 : 최단 경로

14.1 데이크스트라 알고리즘

14.2 BFS와 프림 알고리즘, 그리고 데이크스트라 알고리즘

그래프 알고리즘 중에서 MST와 함께 유명한 알고리즘으로 최단 경로 알고리즘이 있습니다. 최단 경로 알고리즘에서는 방향 그래프이자 가중치 그래프를 기본적으로 사용합니다. 참고로 그래프에 음수 사이클은 있을 수 없습니다. 음수 사이클이란 다음 그림과 같은 사이클을 의미합니다.

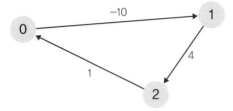

최단 경로에서 경로란 에지들의 가중치 합을 의미합니다. 그림 14-1과 같이 그래프에 음수 사이클이 있다면 이 사이클을 돌면 돌수록 거리는 짧아집니다. 이 그림에서는 −5만큼 계속 짧아지는 것이지요. 달리면 달릴수록 짧아지는 거리는 있을 수 없습니다. 하지만 음수 에지는 있을 수 있습니다. 알고리즘에 따라 음수 에지를 인정하는 알고리즘도 있고 인정하지 않는 알고리즘도 있습니다.

최단 경로 알고리즘에는 몇 가지 종류가 있습니다. 먼저 하나의 출발점에서 나머지 모든 목적지에 대한 최단 경로를 구하는 알고리즘이 있습니다. 이 알고리즘에는 데이크스트라와 벨만 포드 알고리즘이 유명합니다. 두 번째로 모든 (출발지, 목적지) 쌍에 대한 최단 경로를 구하는 알고리즘이 있습니다. 플로이드 워셜 알고리즘이 유명합니다. 다이나믹 프로그래밍의 대표적인 예이기도 합니다. 이 책에서는 데이크스트라 알고리즘만 알아보겠습니다.

14.1 데이크스트라 알고리즘

데이크스트라 알고리즘은 프림 알고리즘과 매우 유사합니다. 탐욕 알고리즘에 기반하고 있습니다. 데이크스트라 알고리즘의 가장 중요한 특징은 그래프에 음수 가중치를 인정하지 않는다는 것입니다.

데이크스트라 알고리즘을 구현하려면 S라는 집합과 distance라는 배열이 필요합니다. 집합 S는 최단 경로가 발견된 정점 집합으로, 최단 경로를 찾고 있는 그래프 G의 정점 집합 V(G)와 같아질 때까지 커집니다. 또 어떤 정점 v를 인덱스로 하는 distance[v] 값은 출발 정점에서 집합 S에 있는 정점만 거쳐 목적지 v에 도달하는 경로 길이입니다. 점점 커지는 집합 S와 계속 변경되는 최단 경로 distance는 어딘가 낯이 익습니다. 눈치챘나요? 프림 알고리즘에서 자라나는 최소 비용 신장 트리의 정점 집합 TV와 가장 낮은 가중치를 저장해 놓은 w_list가 자연스럽게 떠오르는군요. 맞습니다. 집합과 배열 의미는 다르지만 구현이 매우 비슷해질 것임을 추측할 수 있습니다. 그것은 다음 절에서 좀 더 살펴보도록 하죠.

데이크스트라 알고리즘에서 중요한 연산은 relax입니다. 먼저 이 연산을 알아보겠습니다.

그림을 봅시다.

▼ 그림 14-2 relaxation 1

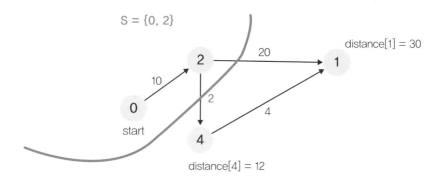

그림 14-2에서 이미 최단 경로가 밝혀진 집합 S는 {0, 2}입니다. distance[1]은 오직 S에 있는 정점만 거쳐서 정점 1에 도달하는 거리입니다. 현재 값은 30입니다. distance[4]는 오직 S에 있는 정점만 거쳐서 정점 4에 도달하는 거리입니다. 현재 값은 12이지요. 이때 정점 4를 S에 포함시킨다고 합시다. S=S U {4} 연산을 합니다.

다음 그림을 보면 정점 4가 S에 삽입되었습니다.

❤ 그림 14-3 relaxation 2

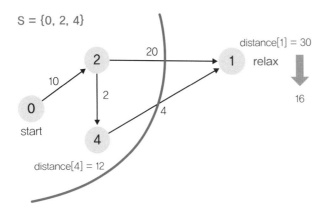

그러면 이제 정점 1에 S에 있는 정점만 거쳐서 가는 방법이 하나 더 늘었네요. 바로 정점 4까지 거쳐서 가는 방법입니다. 이때 기존 경로 0-〉2로 갈 때 거리 distance[1]=30과 새롭게 나타난 경로 0-〉2-〉4로 갈 때 거리 distance[4]+weight(1, 4)=12+4=16을 비교해서 작은 값을 새로운 distance[1] 값으로 만듭니다. 이런 연산을 relax 연산이라고 하며, 이런 연산을 하는 것을 relaxation이라고 합니다.

이를 수식으로 만들어 볼까요?

집합 S에 새롭게 삽입된 정점 v와 V−S에 속한 정점 u에 대해
distance[u] > distance[v] + weight(v, u)면,
distance[u] = distance[v] + weight(v, u)

이제 relaxation을 알았으니 데이크스트라 알고리즘을 그림으로 하나씩 진행해 보겠습니다.

다음 그림이 시작점입니다.

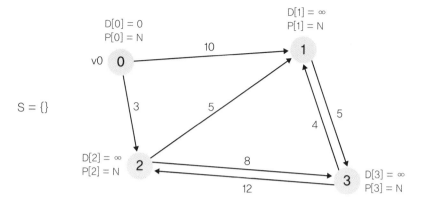

그림 14-4에서 배열 D는 distance를 의미합니다. 배열 P는 predecessor로 최단 경로에서 바로 전에 지나온 정점을 의미합니다. 집합 S는 최단 경로를 밝힌 정점 집합입니다. 아직은 공집합입니다. 그림 14-4와 같이 D의 모든 정점을 무한대로, P의 모든 정점을 None으로 초기화합니다. 이번 예제에서는 시작 정점을 0으로 했습니다. 시작 정점 0에서 목적지 0까지 걸리는 거리는 얼마일까요? 당연히 0일 것입니다. 그러므로 D[0]은 0이 됩니다. 최소 우선순위 큐를 만든 후 (거리, 정점)의 쌍을 요소로 push합니다. 키는 거리입니다.

그림 거리가 가장 짧은 요소가 다음에 pop되겠지요. 정점 0에서 쌍 (0, 0)을 만든 후 우선순위 큐에 push하겠습니다. 거리가 0인 정점 0을 알게 되었으니 이제 S에 0을 삽입하면 되겠지요. 다음 그림에서 이 과정을 진행합니다.

❤ 그림 14-5 데이크스트라 2

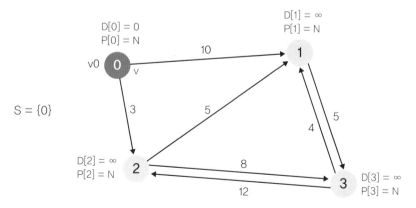

그림 14-5에서 S=S U {0} 연산을 했습니다. 이제 S에 새롭게 삽입된 정점 0과 adj[0]={1, 2}에 있는 정점 간에 relaxation을 합니다. 정점 1과 정점 2 모두 S에 속하지 않았으므로 relaxation의 대상이 됩니다. adj[0]의 집합 중 S에 속한 정점이 있다면 이는 relaxation의 대상이 아닙니다.

다음은 relaxation을 한 후의 그림입니다.

▼ 그림 14-6 데이크스트라 3

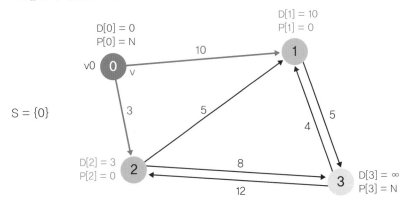

그림 14-6은 adj[0]={1, 2}에 대해 relaxation을 한 후의 그래프를 보여 줍니다. 1, 2 모두 기존 D[1], D[2] 값이 무한대였기 때문에 D[0]+weight(0, 1)과 D[0]+weight(0, 2)로 각각 업데이트 됩니다. 이제 최소 우선순위 큐에서 pop을 하면 현재 밝혀진 거리가 가장 짧은 정점이 나옵니다. 정점 2의 D[2] 값이 3으로 가장 작습니다.

그림 14-7을 보면 최소 우선순위 큐에서 나온 정점이 2라는 것을 알 수 있습니다.

▼ 그림 14-7 데이크스트라 4

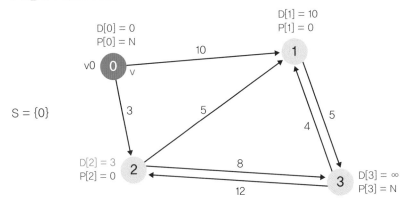

그림 14-8에서 이 정점 2를 S에 포함시킵니다.

▼ 그림 14-8 데이크스트라 5

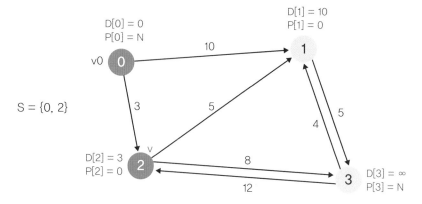

그러고 나서 그림 14-9에서 adj[2]를 구한 후 relaxation을 합니다.

▼ 그림 14-9 데이크스트라 6

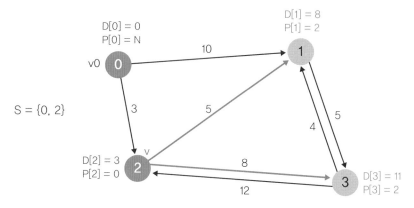

즉, adj[2]={1, 3}에 대해 relaxation하고 있습니다. 최소 우선순위 큐에서 다음 원소를 pop하면 D[1]=8이므로 정점 1이 나오겠지요.

그림 14-10을 보면 최소 우선순위 큐에서 pop을 하면 거리가 가장 짧은 정점 1이 나옵니다.

▼ 그림 14-10 데이크스트라 7

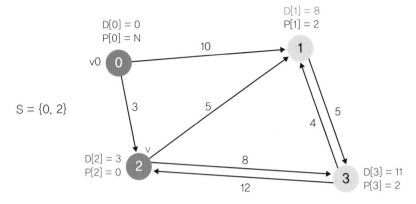

이제 그림 14-11과 같이 정점 1을 S에 포함시킵니다.

▼ 그림 14-11 데이크스트라 8

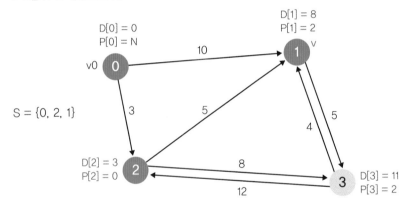

adj[1]={3}에 대해 relaxation을 합니다.

▼ 그림 14-12 데이크스트라 9

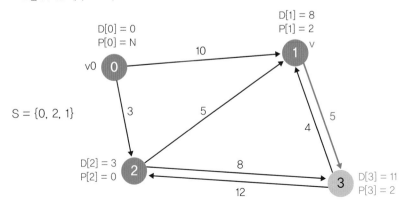

최소 우선순위 큐에 마지막 원소가 남아 있군요. pop을 하니 정점 3이 나왔습니다.

그림 14-13을 보면, 최소 우선순위 큐에서 정점 3이 나오는 것을 확인할 수 있습니다.

❤ 그림 14-13 데이크스트라 10

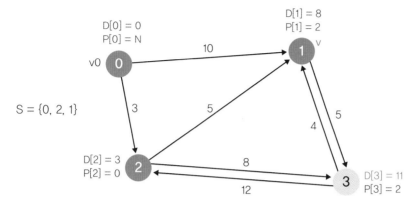

마지막으로 이 정점 3을 S에 포함시킵니다. 그림 14-14에서 정점 3을 S에 포함시키고 나면 집합 S가 V(G)와 같아지는 것을 알 수 있습니다. 그럼 알고리즘이 종료됩니다.

❤ 그림 14-14 데이크스트라 11

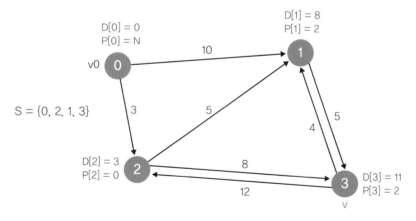

여기서 그림 14-15로 배열 D와 배열 P를 읽는 방법을 간단히 살펴보겠습니다.

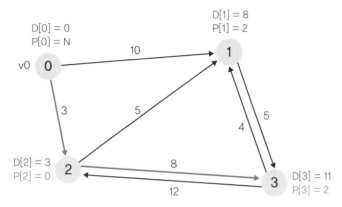

▼ 그림 14-15 데이크스트라 12

그림 14-15에서 0에서 시작하여 3에 도착하는 최단 경로를 알고 싶다고 하겠습니다. 그럼 먼저 데이크스트라 알고리즘을 수행하고 D[3]을 확인합니다. 11이 최단 경로입니다. 이 경로는 어떻게 될까요? P[3]=2란 목적지인 정점 3에 오기 전에 바로 이전인 정점 2를 들렀다는 이야기입니다. 그럼 정점 2로 가 보겠습니다. P[2]=0이군요. 이는 정점 2에 오기 전에 정점 0을 들렀다는 이야기이지요. 그런데 정점 0은 출발점입니다. 경로를 알게 되었습니다.

13장에서 프림 알고리즘을 구현할 때 최소 힙을 만들면서 decrease_weight 연산을 구현했습니다. 그런데 대부분의 언어가 제공하는 힙을 유심히 살펴보면 decrease_weight 연산을 제공하는 힙은 없습니다. 그렇다면 이 상황에서는 항상 decrease_weight를 위해 힙을 다시 구현해야 할까요? 그렇지 않습니다. 한 가지 방법이 있습니다. 힙 외부에 distance라는 배열을 따로 두고 relaxation을 할 때 새로운 거리를 키로 하는 요소를 힙에 push합니다. distance 배열도 달라진 거리를 변경합니다. 그리고 이후 힙에서 pop을 했을 때 distance 배열 값과 비교합니다. 힙에서 pop한 어떤 정점에 대한 거리가 distance에서 어떤 정점에 대해 저장해 놓은 거리와 다를 경우 이 요소는 relaxation 이전에 push한 요소이므로 버립니다. 이렇게 구현하면 decrease_weight() 메서드를 구현하지 않아도 됩니다.

이 내용을 코드로 구현해 보겠습니다. 먼저 파이썬이 제공하는 heapq 모듈을 이용해서 MinPriorityQueue 클래스를 구현하고, 출발점과 함께 경로 정보를 가지고 있는 ShortestPath 클래스를 정의하겠습니다.[1]

---

1   14장 전체 코드는 dijkstra.py 파일에 있습니다.

```
from heapq import heappush, heappop

class MinPriorityQueue:
    def __init__(self):
        self.heap = []

    def push(self, item):
        heappush(self.heap, item)

    def pop(self):
        return heappop(self.heap)

class ShortestPath:
    def __init__(self, s, distance, p):
        self.source = s
        self.distance = distance
        self.p = p

    def print_shortest_path(self, dest):
        if self.source == dest:
            print(dest, end="  ")
            return
        if sp.p[dest] != None:
            self.print_shortest_path(self.p[dest])
        else:
            print("There is no path")
            return
        print(dest, end="  ")
```

코드 14-1에서 ShortestPath 클래스에 정의된 print_shortest_path를 유심히 살펴보기 바랍니다. 매개변수로 목적 정점 dest를 전달하면 시작 정점부터 경로를 출력해 주는 메서드입니다. 재귀적으로 구현된 것을 알 수 있습니다. 경로가 a->…f->g라면 a->f까지 경로를 출력한 후 g를 출력하면 될 것입니다. 재귀 함수로 구현하기 좋은 구조이지요.

코드 14-2

```
class Graph:
    # 모든 가중치보다 충분히 큰 수
    BIG_NUMBER = 2000
    def __init__(self, vertex_num):
```

```
        self.adj_matrix = [[None for _ in range(vertex_num)] for _ in
                               range(vertex_num)]
        self.vertex_num = vertex_num

    def add_edge(self, u, v, w):
        self.adj_matrix[u][v] = w
```

코드 14-2를 보면 데이크스트라 예제에서는 그래프 표현을 인접 행렬로 한 것을 알 수 있습니다. 또 distance 배열을 초기화할 때 math 모듈의 inf를 쓰지 않고 에지가 가질 가중치의 모든 합보다 충분히 큰 값 BIG_NUMBER를 사용합니다. relaxation을 하던 도중 정수 오버플로가 날 수 있기 때문인데요. 파이썬은 int 형 범위를 벗어나면 자동으로 long long으로 변경해 주므로 정수 오버플로가 생길 확률은 매우 적습니다. 이제 데이크스트라 알고리즘을 구현해 봅시다.

코드 14-3

```
    def dijkstra(self, s):                          출발 정점에서 S에 있는 정점만 거쳐 v에 도달하는 경로 길이
        distance = [self.BIG_NUMBER for _ in range(self.vertex_num)]
        p = [None for _ in range(self.vertex_num)]
                                                    predecessor
                                                    distance[v]를 구할 때 경로상에서 v의 바로 이전 노드
        S = set()    최단 경로가 발견된 정점 집합
        pq = MinPriorityQueue()
        for i in range(self.vertex_num):
            pq.push((self.BIG_NUMBER, i))    push((distance, v))

        distance[s] = 0
        pq.push((0, s))

        while len(S) < self.vertex_num:
            d, v = pq.pop()
            if distance[v] != d:    relaxation 이전 요소는 무시합니다.
                continue

            S.add(v)

            adj_v = self.adjacent_set(v)
            for u, w_u_v in adj_v:
                if u not in S and distance[u] > distance[v]+w_u_v:
                    distance[u] = distance[v] + w_u_v
                    p[u] = v
                    pq.push((distance[u], u))

        sp = ShortestPath(s, distance, p)
```

```
        return sp

    def adjacent_set(self, v):
        adj_v = []
        for i in range(self.vertex_num):
            w = self.adj_matrix[v][i]
            if w:
                adj_v.append((i, w))
        return adj_v
```

코드 14-3은 데이크스트라 알고리즘을 구현한 코드입니다. 최단 경로가 드러난 정점 집합 S가 있고 시장 정점의 distance는 0입니다. 최소 힙에는 (distance, v)를 넣습니다. S가 그래프의 모든 정점 집합이 될 때까지 최소 힙에서 정점을 하나씩 꺼내 옵니다. 꺼내 온 정점은 S에 포함시킨 후 인접 정점을 구하고 relaxation 연산을 합니다. S에 그래프의 모든 정점이 포함되었다면 while 문을 빠져나와 s, distance, p를 ShortestPath 객체로 반환합니다. 앞서 살펴본 그림들과 비교하며 데이크스트라 알고리즘의 실행을 직접 확인해 보기 바랍니다.

테스트 코드를 작성하고 잘 동작하는지 확인해 봅시다.

코드 14-4

```
if __name__ == "__main__":
    g = Graph(4)
    g.add_edge(0, 1, 10)
    g.add_edge(0, 2, 3)
    g.add_edge(1, 3, 5)
    g.add_edge(2, 1, 5)
    g.add_edge(2, 3, 8)
    g.add_edge(3, 1, 4)
    g.add_edge(3, 2, 12)

    source = 0
    sp = g.dijkstra(source)
    for i in range(g.vertex_num):
        print(f"distance[{i}] : {sp.distance[i]}, p[{i}] : {sp.p[i]}")

    dest = 3
    print(f"path from {source} to {dest}")
    sp.print_shortest_path(dest)
    print()
```

다양한 그래프 알고리즘 3: 최단 경로

코드 14-4를 실행하면 다음 결과가 출력됩니다.

```
distance[0] : 0, p[0] : None
distance[1] : 8, p[1] : 2
distance[2] : 3, p[2] : 0
distance[3] : 11, p[3] : 2
path from 0 to 3
0  2  3
```

데이크스트라 알고리즘이 잘 작동하는 것을 확인할 수 있습니다. 다음 절에서는 BFS와 프림 알고리즘, 데이크스트라 알고리즘이 얼마나 닮아 있는지 살펴보겠습니다.

DATA STRUCTURES

14.2 / BFS와 프림 알고리즘, 그리고 데이크스트라 알고리즘

BFS와 프림 알고리즘, 데이크스트라 알고리즘은 그 구조가 굉장히 비슷합니다. BFS에서는 큐를 사용하고 프림 알고리즘과 데이크스트라 알고리즘에서는 우선순위 큐를 사용한다는 정도의 차이만 있습니다. 이 절에서는 코드 분석에 불필요한 부분을 제거하고 싶겠습니다. 얼마나 닮아 있는지 직접 비교해 보기 바랍니다.

코드 14-5는 BFS 알고리즘입니다.

코드 14-5

```python
    def bfs(self, v):
        q = Queue()

        q.put(v)

        while not q.empty():
            v = q.get()

            adj_v = self.adj_list[v]
            for u in adj_v:
```

```
        if not self.visited[u]:
            q.put(u)
```

코드 14-6은 프림 알고리즘입니다.

코드 14-6

```
def MST_prim(self):
    h = MinHeap()

    h.push(Element(0, 0, None))

    while not h.is_empty():
        elem_v = h.pop()

        adj_v = self.adj_list[v]
        for u, w_u_v in adj_v:
            if u not in TV and w_u_v < w_list[u]:
                h.decrease_weight(Element(u, w_u_v, v))
```

코드 14-7은 데이크스트라 알고리즘입니다.

코드 14-7

```
def dijkstra(self, s):
    pq = MinPriorityQueue()

    pq.push((0, s))

    while len(S) < self.vertex_num:
        d, v = pq.pop()

        adj_v = self.adjacent_set(v)
        for u, w_u_v in adj_v:
            if u not in S and distance[u] > distance[v]+w_u_v:
                pq.push((distance[u], u))
```

세 알고리즘 모두 구조가 매우 유사하다는 것을 알 수 있습니다.

15장

자료 구조가
적용된 실제 사례

15.1 생산자 – 소비자 패턴: 큐

15.2 자바스크립트 엔진: 스택과 큐

이 장에서는 자료 구조가 적용된 실제 사례 중에서 재미있는 주제를 두 가지 정도 살펴보려고 합니다. 먼저 생산자-소비자 패턴을 알아보고, 그다음 자바스크립트 언어의 내부 작동 방식을 알아보겠습니다. 뜬금없이 언어의 내부 작동 방식을 왜 공부하지 하는 의문이 들 수 있지만 자바스크립트 언어는 스택과 큐를 활용한 아주 멋진 자료 구조 적용 사례입니다.

15.1 생산자-소비자 패턴: 큐

혹시 MQ(Message Queue)란 용어를 들어 본 적 있나요? MQ라는 이름이 강하게 암시하듯 애플리케이션 개발에 큐가 활용된 예입니다. 이렇게 큐가 활용된 패턴을 생산자-소비자 패턴(producer-consumer pattern)이라고 합니다. 멀티스레드 환경에서 스레드-안전(thread-safe) 큐를 이용하는 사례로 자주 소개하고 있지요. 아주 중요한 패턴이니 한번 살펴볼까 합니다. 이 절에서는 어떤 문제를 해결하는 데 큐를 이용했는지 간단하게 살펴보고, 한 가지 상황을 가정한 후 그 문제를 해결하는 데 생산자-소비자 패턴을 적용해 봅시다.

메시지 큐에서 메시지란 한 애플리케이션이 다른 애플리케이션에 보내는 데이터를 의미합니다. 두 가지 애플리케이션이 있습니다. A 애플리케이션은 고객에게서 데이터 처리 요청을 받는 서비스를 제공하고, B 애플리케이션은 이 요청을 넘겨받아 실제 데이터를 처리하는 서비스를 제공한다고 합시다. 메시지 큐가 없다면 A 애플리케이션과 B 애플리케이션은 같은 시간에 서로 커넥션을 연결해야 할 것입니다. 그리고 A 애플리케이션은 B 애플리케이션이 데이터를 잘 받아 처리한 후 그 결과를 보내 줄 때까지 기다려야 합니다.

이런 동기식 데이터 송수신은 여러 가지 문제점이 있습니다. 가장 큰 문제점은 A 애플리케이션이 B 애플리케이션의 응답을 기다려야 하기 때문에 A 애플리케이션은 느릴 수밖에 없다는 것입니다. 고객이 두 번째 데이터 처리 요청을 하려면 첫 번째 요청에 대한 응답을 받아야만 합니다. 두 번째로 B 애플리케이션이 작동을 멈추기라도 한다면 A 애플리케이션은 자신이 오류가 난 것도 아닌데 고객에게서 두 번째 데이터 처리 요청을 받을 수 없게 됩니다.

이때 메시지 큐를 이용하면 문제를 해결할 수 있습니다. A 애플리케이션은 고객에게서 데이터 처리 요청을 받아 와 메시지 큐에 전달합니다. B 애플리케이션의 응답을 기다리지 않으니 이제 두 번째 데이터 처리 요청을 받을 수 있습니다. 이 요청도 메시지 큐에 전달하기만 하면 됩니다. 응답 속도가 향상되겠군요. 다음으로 B 애플리케이션이 잠시 꺼졌다가 켜져도 문제없이 작동할 것입니다. 데이터 처리 요청은 큐에 쌓여 있고 B 애플리케이션이 꺼내 가기 전에는 큐에 계속 있을 테니까요. 다시 말해 비동기식으로 데이터를 전송할 수 있습니다. 큐를 활용하여 문제를 획기적으로 해결할 수 있지요.

실제 웹 서비스에 적용된 사례를 살펴보겠습니다. 마이크로서비스 아키텍처는 이제 친숙한 개념이 되었습니다. 하나의 거대한 애플리케이션이 아니라 서비스별로 작게 쪼개 서로 독립적으로 기능을 수행합니다. 여러 서비스로 쪼개다 보면 서비스 간에 데이터 통신이 필요해지는데, 이때 메시지 큐를 이용합니다. 앞서 언급했던 모든 장점을 가지게 되지요. 한 예로 주문 서비스를 주문 요청 서비스와 결제 서비스, 배송 서비스 등으로 쪼개고, 서비스 간에 메시지 큐로 요청을 전달하면 획기적으로 응답 시간을 줄일 수 있습니다. 대표적인 메시지 큐로는 RabbitMQ, ActiveMQ, Kafka 등이 있습니다.

이제 한 가지 상황을 가정하고 이 문제를 생산자-소비자 패턴을 이용해서 해결해 봅시다. 멀티스레딩과 파이썬의 스레드-안전 큐를 이용해서 모델링할 것입니다. 키오스크 한 대와 요리 로봇 세 대를 이용해서 무인 음식점을 열 계획이라고 하겠습니다. 파는 음식은 피자와 치킨입니다. 키오스크는 고객에게서 거의 실시간으로 주문을 받을 수 있고, 요리 로봇은 음식을 만드는 데 시간이 10초 걸립니다. 하루에 피자, 치킨을 합쳐 딱 열 개만 팔려고 합니다.

동기적으로 시스템을 설계한다면 키오스크에서 주문을 받고 음식을 만드는 10초 동안 키오스크는 주문을 받지 못하고 멈추어 있게 됩니다. 고객들 불만은 폭주할 것이고, 거의 실시간으로 주문을 받을 수 있는 키오스크는 많이 억울하겠죠. 이제 큐가 등장해서 문제를 해결할 시간입니다. 키오스크는 고객에게서 주문을 받고 큐에 전달합니다. 요리 로봇은 큐에서 주문을 꺼내 요리를 시작합니다. 키오스크는 실시간으로 주문을 받기 때문에 열 개 정도는 금방 매진될 것입니다.

요리 로봇은 요리하는 데 10초나 걸리지만 조급해 하지 않아도 됩니다. 주문 요청은 큐에 잘 보관되어 있으니까요. 로봇 세 대는 자신의 요리가 끝날 때마다 큐를 확인해서 요청이 있다면 하나씩 꺼내 가면 됩니다. 스레드가 안전하니 같은 요청을 다른 로봇과 동시에 가져갈 일도 없습니다. 키오스크는 주문을 열 개 모두 처리할 때까지 기다렸다가 화면에 모든 주문이 처리되었다는 메시지를 출력합니다. 하루 장사가 마무리되는 순간이지요. 이제 코드를 봅시다.

코드 15-1 producer_consumer.py

```python
import threading
import queue
import time
```

```python
q = queue.Queue()  ----- 메시지 큐 역할을 합니다.
orders_done = False  ----- 모든 주문이 처리 완료되면 True


def order_service():  ----- 키오스크 역할입니다. 주문을 받습니다.
    global orders_done
    for i in range(1, 11):
        food_number = int(input(f"{i} 번째 주문 음식을 고르세요(1: 피자, 2~: 치킨) : "))
        prefix = str(i) + " 번째 음식 "
        message = prefix + '피자' if food_number == 1 else prefix + '치킨'
        q.put(message)  ----- 요청받은 주문을 큐에 넣습니다.
        thread_name = threading.current_thread().name
        print(f'[{thread_name}] : {message} 주문 완료')
    q.join()  ----- 모든 주문이 처리 완료되길 기다립니다.
    print('모든 주문 처리 완료')
    orders_done = True


def cooking_service():  ----- 요리 로봇 역할입니다. 실제 요리를 합니다.
    while True:
        try:
            message = q.get(timeout=5)  ----- 주문을 큐에서 가져옵니다.
            thread_name = threading.current_thread().name
            print(f'[{thread_name}] : {message} 요리 시작')
            time.sleep(10)  ----- 10초 동안 요리를 합니다.
            print(f'[{thread_name}] : {message} 요리 완성')
            q.task_done()  ----- 큐에 받아 온 요청을 처리했다고 알립니다.
        except queue.Empty:
            if orders_done:  ----- 모든 주문을 처리했다면 요리 로봇도 동작을 멈추고
                break          전원을 끕니다. 하루 장사가 마무리되었으니까요.
            else:
                continue


services = []
                                                              키오스크는 한 대입니다.
services.append(threading.Thread(target=order_service, name="order_service"))  -----
for i in range(1, 4):
    cooking_service_name = "cooking_service " + str(i)
    services.append(threading.Thread(target=cooking_service,  ----- 요리 로봇은 세 대입니다.
                    name=cooking_service_name))


for service in services:
    service.start()
```

코드 15-1에서 예외 처리나 스레드에서 상호 배제 기법은 사용하지 않았습니다. 코드 목적이 생산자-소비자 패턴을 익히고 큐 역할을 공부하는 것이기 때문에 최대한 간략하게 구현했습니다. 실행해 보면 동시에 주문을 받고 요리를 하기 때문에 정신이 없을 것입니다. order_service가 키오스크 역할을 합니다. 고객에게서 주문을 받으면 큐에 넣습니다. 요청한 요리가 완성되길 기다리지 않기 때문에 다른 주문을 바로 받을 수 있습니다. cooking_service는 요리 로봇 역할을 합니다. 큐에서 요청을 받아 와 요리를 시작합니다. 요리 시간은 10초입니다. 요리를 완성하면 완성했다고 출력합니다.

코드 아랫부분의 스레드 생성 코드를 보면 order_service는 스레드가 한 개고 cooking_service는 스레드가 세 개입니다. 중요한 점은 order_service는 주문 요청만 받아 큐에 넣고 cooking_service는 큐에서 요청을 받아 와 요리를 한다는 것입니다.

실행 결과를 확인해 볼까요? 멀티스레딩 환경이니 실행 결과는 조금씩 다를 수 있습니다.

```
1 번째 주문 음식을 고르세요(1: 피자, 2~: 치킨) : 1
[order_service] : 1 번째 음식 피자 주문 완료
2 번째 주문 음식을 고르세요(1: 피자, 2~: 치킨) : 2
[cooking_service 1] : 1 번째 음식 피자 요리 시작
[order_service] : 2 번째 음식 치킨 주문 완료
3 번째 주문 음식을 고르세요(1: 피자, 2~: 치킨) : 1
[cooking_service 2] : 2 번째 음식 치킨 요리 시작
[order_service] : 3 번째 음식 피자 주문 완료
4 번째 주문 음식을 고르세요(1: 피자, 2~: 치킨) : 2
[cooking_service 3] : 3 번째 음식 피자 요리 시작
[order_service] : 4 번째 음식 치킨 주문 완료
5 번째 주문 음식을 고르세요(1: 피자, 2~: 치킨) : 1
[order_service] : 5 번째 음식 피자 주문 완료
6 번째 주문 음식을 고르세요(1: 피자, 2~: 치킨) : 2
[order_service] : 6 번째 음식 치킨 주문 완료
7 번째 주문 음식을 고르세요(1: 피자, 2~: 치킨) : 1
[order_service] : 7 번째 음식 피자 주문 완료
8 번째 주문 음식을 고르세요(1: 피자, 2~: 치킨) : 2
[order_service] : 8 번째 음식 치킨 주문 완료
9 번째 주문 음식을 고르세요(1: 피자, 2~: 치킨) : 1
[order_service] : 9 번째 음식 피자 주문 완료
10 번째 주문 음식을 고르세요(1: 피자, 2~: 치킨) : 2
[cooking_service 1] : 1 번째 음식 피자 요리 완성
[cooking_service 1] : 4 번째 음식 치킨 요리 시작
[order_service] : 10 번째 음식 치킨 주문 완료
[cooking_service 2] : 2 번째 음식 치킨 요리 완성
[cooking_service 2] : 5 번째 음식 피자 요리 시작
```

```
[cooking_service 3] : 3 번째 음식 피자 요리 완성
[cooking_service 3] : 6 번째 음식 치킨 요리 시작
[cooking_service 1] : 4 번째 음식 치킨 요리 완성
[cooking_service 1] : 7 번째 음식 피자 요리 시작
[cooking_service 2] : 5 번째 음식 피자 요리 완성
[cooking_service 2] : 8 번째 음식 치킨 요리 시작
[cooking_service 3] : 6 번째 음식 치킨 요리 완성
[cooking_service 3] : 9 번째 음식 피자 요리 시작
[cooking_service 1] : 7 번째 음식 피자 요리 완성
[cooking_service 1] : 10 번째 음식 치킨 요리 시작
[cooking_service 2] : 8 번째 음식 치킨 요리 완성
[cooking_service 3] : 9 번째 음식 피자 요리 완성
[cooking_service 1] : 10 번째 음식 치킨 요리 완성
모든 주문 처리 완료
```

큐는 간단한 자료 구조이지만 활용하는 사례에 따라 애플리케이션을 좀 더 성능 좋게 만들 수 있습니다.

15.2 자바스크립트 엔진: 스택과 큐

이번에 살펴볼 자료 구조 적용 사례는 자바스크립트 엔진입니다. 자바스크립트 엔진은 스택과 큐를 절묘하게 활용한 아주 멋진 예입니다.

자바스크립트는 싱글 스레드에서 작동하지만 비동기 언어입니다. 스레드가 하나라면 스택 프레임이 쌓이는 콜 스택도 하나일 테고, 그렇다면 한 번에 한 가지 일만 할 수 있을 텐데 우리는 아무런 의심 없이 setTimeout을 사용합니다. 어떤 일을 하다가 시간이 되면 자동으로 다른 일을 한다는 것입니다. 자바스크립트에서는 어떻게 콜백을 사용할 수 있을까요?

예를 하나 들어 보겠습니다. 크롬 브라우저를 켜고 F12를 눌러 개발자 도구를 켠 후 Console 탭을 클릭합니다. 이제 아래 나오는 두 코드를 한 폴더에 두고 js_engine.html 파일의 절대 경로를 복사해서 크롬 주소 창에 붙여 넣어 실행합니다.

코드 15-2 js_engine.html

```html
<html>
    <head>
        <script src='js_engine.js'></script>
    </head>
    <body>

    </body>
</html>
```

코드 15-3 js_engine.js

```javascript
console.log('code starts')

setTimeout(() => {
    console.log('callback executed');
}, 1000);

console.log('code ends');
```

코드 15-2는 크롬 브라우저에서 코드 15-3을 실행할 뿐입니다. 코드 15-3을 보면 콘솔 창에 로그를 찍는 코드 세 줄만 있습니다. 주목할 점은 두 번째 줄의 콘솔 로그는 setTimeout을 사용하여 1초 후에 출력하는군요. 이 코드를 실행하면 콘솔 창에 다음 결과가 출력됩니다.

❤ 그림 15-1 실행 결과

먼저 첫 번째 코드가 실행되어 code starts가 출력되고, 두 번째 코드는 setTimeout으로 콜백 호출을 하니 callback executed는 바로 출력되지 않고 1초를 기다립니다. 그 사이에 마지막 코드가 실행되어 code ends가 콘솔 창에 나타납니다. 이제 1초가 흐른 후 callback executed가 마지막으로 모습을 드러내는군요.

자바스크립트는 콜 스택이 하나인데 어떻게 1초 후에 setTimeout에 전달한 콜백을 호출할 수 있을까요? 그 비밀은 자바스크립트 엔진이 가지고 있는 스택과 큐 덕분입니다. 여기서 스택은 스택 프레임이 쌓이는 콜 스택입니다. 우리가 이미 여러 번 보았던 그 스택이지요. 자바스크립트 엔진은 사실 내부적으로 작동하는 스레드를 하나 더 가지고 있습니다. 이 스레드에서 타이머를 작동시켜 setTimeout에 전달된 지연 시간 동안 대기하게 됩니다. 코드 15-3의 실행 순서를 따라가 보겠습니다.

먼저 console.log('code starts')를 만나면 콜 스택에 스택 프레임을 만들고 실행됩니다. 콘솔 창에 code starts가 출력되겠군요. 다음으로 setTimeout이 콜 스택에 스택 프레임을 만들고 실행됩니다. 이때 setTimeout을 만난 내부 스레드는 타이머를 작동시키며 setTimeout에 전달된 콜백 함수를 스레드에 저장시키며 지연 시간 동안 대기합니다. setTimeout은 할 일을 다했으니 종료되어 콜 스택에서 사라집니다. console.log('code ends')가 콜 스택에 스택 프레임을 만들고 실행됩니다. 콘솔 창에 code ends가 출력된 후 콜 스택에서 사라지겠죠. 이제 콜 스택이 비었습니다.

큐가 등장하는 지금부터가 아주 중요합니다. 곧 타이머가 종료되고 setTimeout에 전달되었던 콜백 함수가 큐에 추가됩니다. 타이머가 종료된다고 바로 스택에 가서 실행될 수는 없습니다. 반드시 이 큐를 거치게 됩니다. 큐에서 대기하는 함수는 오로지 콜 스택이 비어 있을 때만 콜 스택에 스택 프레임을 생성하고 실행할 수 있습니다. 조금 전에 콜 스택이 비었다고 했죠. 이제 setTimeout에 전달되었던 콜백 함수가 큐를 빠져나와 콜 스택에 올라가고 실행됩니다. callback executed를 출력하며 실행이 마무리됩니다. 자바스크립트가 싱글 스레드이지만 비동기로 작동할 수 있는 이유는 바로 내부 스레드와 콜백 함수를 저장해 두는 큐 덕분입니다. 콜 스택이 빌 때 큐에 실행해야 할 콜백 함수가 있다면 꺼내서 콜 스택에 올리는 것입니다.

여기서 한 가지 의문이 드네요. 큐에 타임아웃이 다 된 콜백 함수가 있지만 콜 스택이 비지 않는다면 어떻게 될까요? 실험으로 직접 확인해 봅시다. 다음 코드를 보죠.

코드 15-4 js_engine2.html

```html
<html>
    <head>
        <script src='js_engine2.js'></script>
    </head>
    <body>

    </body>
</html>
```

```
console.log('code starts')

setTimeout(() => {
    console.log('callback executed');  ┄┄┄┄ 원래대로라면 1초 후에 실행되어야 합니다.
}, 1000);

cpu_bound_task = () => {
    const start = Date.now();
    var elapsed = 0;
    while (elapsed < 5000) { ┄┄┄┄ 경과 시간이 5초를 넘어가지 않으면 계속 while 문 안에 갇혀 있습니다.
        const end = Date.now();
        const ms = (end.valueOf() - start.valueOf());
        elapsed = ms;
        sec = ms / 1000; ┄┄┄┄ 경과 시간을 초로 변환합니다.
        if (elapsed % 1000 === 0) { ┄┄┄┄ 1초마다 경과 시간을 콘솔 창에 출력합니다.
            console.log(sec + " sec");
        }
    }
}

cpu_bound_task();
```

코드 15-4와 코드 15-5도 같은 폴더에 두고 코드 15-2를 크롬 브라우저에서 열었던 것처럼 열어줍니다. 코드 15-5에서 cpu_bound_task는 콜 스택을 비우지 않고 시간이 5초를 넘기 전까지는 계속 while 문 안에 갇혀 있습니다. 여기서 start.valueOf()는 밀리초를 반환하므로 ms는 함수가 시작한 시점에서 현재까지 경과한 시간을 밀리초 단위로 가지며, sec는 초로 변환합니다. 아래 if 문에서는 1초마다 경과 시간을 콘솔 창에 출력합니다. 코드 15-5 앞부분에 있는 setTimeout 함수를 보면 전달한 콜백 함수를 1초 후에 실행해야 합니다. 이 코드를 실행하면 과연 1초 후 callback executed를 콘솔 창에서 확인할 수 있을까요? 실행 결과를 보겠습니다.

▼ 그림 15-2 실행 결과

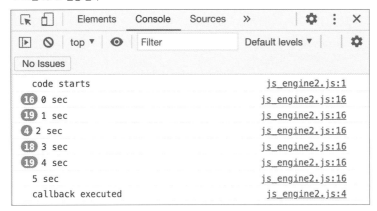

실행 결과를 보면 1초 후 보였어야 할 callback executed가 cpu_bound_task 함수의 실행이 끝난 후에야 보이는군요. 5초나 지나서 말이지요. 그 이유는 setTimeout에 전달된 콜백 함수가 내부 스레드를 거쳐 큐에 들어가 있다고 해도 콜 스택이 cpu_bound_task를 실행하느라 비워져 있지 않아 큐에서 콜 스택으로 올릴 수 없어 실행할 수 없었던 것입니다. 자바스크립트 엔진이 싱글 스레드에서 비동기로 콜백 함수를 호출할 수 있었던 이유가 스택과 큐 덕분이었다니 신기하기도 하고 자료 구조를 잘 배웠다는 생각도 드는군요.

이로써 필자가 하고 싶었던 자료 구조 이야기를 모두 마쳤습니다. 이 책에서 다루지 않은 자료 구조도 많고 아직 공부해야 할 알고리즘도 많이 있을 것입니다. 이 책이 그 시작점에서 조금이나마 도움이 되었으면 좋겠습니다.

A

Abstract Data Type   31
abstraction   32
acyclic connected graph   110
adjacency list   87
adjacency matrix   87
adjacent   83
ADT   31
amortized analysis   44
ancestor   111

B

balanced binary tree   144
base case   18
BFS   93
big-O   27
binary search algorithm   124
binary search tree   124
binary tree   112
Breadth First Search   93
B 트리   163
B+ 트리   175

C

cache   39
cache hit   42
cache miss   42
child   111
circular queue   70

complete binary tree   113
connected component   84
connected graph   84
crossing edge   205
cut   205
cut property   205
cycle   83

D

DAG   197
data node   176
degree   84
degree of a tree   111
depth   111
Depth First Search   93
deque   74
descendant   111
DFS   93
directed acyclic graph   196
disjoint set   212
double linked list   48
dummy double linked list   52

E

edge   80
extended binary tree   145

F

FIFO 67
First In First Out 67
full binary tree 113

G

globally optimal solution 204
greedy algorithm 204
greedy choice property 205
greedy properties 204

H

heap 180
height 111

I

implementation 32
incident 84
in−degree 85
indexing 42
index node 176
inorder traversal 118

K

Kruskal algorithm 211

L

Last In First Out 64
leaf node 111
level 111
levelorder traversal 120
LIFO 64
linked list 48
locally optimal solution 204

M

max heap 180
min heap 180
Minimum cost Spanning Tree 204
min priority queue 192
MST 204
multi−graph 82
m−way search tree 166
m−way 탐색 트리 166

O

optimal substructure 205
out−degree 85
O−표기법 27

P

page 167
parent 111

path   83
permutation   21
postorder traversal   119
preorder traversal   114
prim algorithm   225
principle of locality   39
producer−consumer pattern   258

Q

queue   67

R

recursion   16
recursive tree   22
representation   32

S

self−edge   82
simple path   83
single linked list   48
skewed binary tree   113
spanning subgraph   86
spanning tree   204
spatial locality   39
stack   64
subgraph   86
subtree   114

T

temporal locality   39
thread−safe   258
topological sort   196
traversal   93

U

undirected graph   81

V

vertex   80

ㄱ

가비지 컬렉션   50
가상 메모리   167
경로   83
공간 지역성   39
구현   32
균형 이진 트리   144
기저 사례   18
깊이 우선 탐색   93

ㄴ

내부 노드   111
너비 우선 탐색   93
높이   111

ㄷ

단순 경로 83
단순 연결 리스트 48
더미 이중 연결 리스트 52
데이크스트라 알고리즘 242
데이터 노드 176
데이터 타입 31
덱 74
딕셔너리 126

ㄹ

레드 블랙 트리 144
레벨 111
레벨 순서 순회 120
레지스터 40, 162
레코드 164
레퍼런스 카운트 50
리프 노드 111

ㅁ

멀티그래프 82
메시지 큐 258
무방향 그래프 81

ㅂ

방향 그래프 81
부모 111

부분 그래프 86
부속되었다 84
분리 집합 212
분할 상환 분석 44
빅오 27

ㅅ

사이클 83
사이클이 없는 방향 그래프 196
사이클이 없는 연결된 그래프 110
생산자-소비자 패턴 258
서브 트리 114
순열 21
순회 93
스레드-안전 258
스택 64
스택 프레임 18
시간 지역성 39
신장 부분 그래프 86
신장 트리 204

ㅇ

에지 80-81
연결된 그래프 84
연결 리스트 48
연결 요소 84
완전 이진 트리 113
우선순위 큐 192
원형 큐 70

위상 정렬 196
이중 연결 리스트 48
이진 탐색 알고리즘 124
이진 탐색 트리 124
이진 트리 112
인덱스 노드 176
인덱싱 42
인접 83
인접 리스트 87
인접 행렬 87

ᄌ

자기 간선 82
자손 111
자식 111
재귀 트리 22
재귀 함수 16
전역 최적해 204
전위 순회 114
점근적 표기법 27
정점 80
조상 111
중위 순회 118
지역성의 원리 39
지역 최적해 204
진입 차수 85
진출 차수 85

ᄎ

차수 84
최단 경로 알고리즘 242
최대 우선순위 큐 192
최대 힙 180
최소 비용 신장 트리 204
최소 우선순위 큐 192
최소 힙 180
최적 부분 구조 205
추상 데이터 타입 31
추상화 32

ᄏ

캐시 39, 162
캐시 미스 42
캐시 히트 42
컬럼 164
컷 205
컷 프로퍼티 205
큐 67
크루스칼 알고리즘 211

ᄐ

탐욕 선택 특성 205
탐욕 알고리즘 204
탐욕 특성 204
테이블 164
트리의 깊이 111
트리의 차수 111

ㅍ

페이지 167
편향 이진 트리 113
포화 이진 트리 113
표현 32
프림 알고리즘 225

기호

θ−표기법 27
Ω−표기법 27

ㅎ

확장 이진 트리 145
횡단 에지 205
후위 순회 119
힙 180